THE POWER TO ACCOMPLISH

プロトレイルランナーに学ぶ

やり遂げる技術

毅
URAKI

実務教育出版

はじめに ——僕は絶対にあきらめない——

およそ100マイル（168キロ）に及ぶ山道を1昼夜にわたって寝ずに走り続けるレースがあります。フルマラソンを4回分、丸1日で走るというだけでも信じられないのに、その間に標高2500メートル級の山をおよそ10個、累積標高差9600メートルの山道を駆け上り、駆け下りるというのですから、その桁外れのスケールたるや、はじめて聞いた人は、いったい何のことやら想像もつかないかもしれません。

これが、僕が人生を賭けて挑戦してきたウルトラトレイル・デュ・モンブラン（UTMB）という化け物の正体です。

ヨーロッパアルプスの最高峰、フランス・イタリア・スイスにまたがる標高4810メートルのモンブランのまわりを1周するトレイルランニングレース。毎年8月に開催されるUTMBは、すべてのトレイルランナーにとってあこがれの舞台であり、まさに世界一の山登りランナーを決めるのにふさわしい難コースです。
当日の気象条件にもよりますが、上級者しか参加できないにもかかわらず、完走率は3割を切ることもあります。一流のランナーでも途中棄権が続出する過酷なサバイバルレースです。僕はこのＵＴＭＢに過去6回エントリーしています。

最初に出場したのは２００７年（12位）。国内の主要なレースを制覇した僕が、30代後半になって、いよいよ海外レースに挑戦するようになった頃のことです。上には上がいると、世界の広さを実感した年でした。

２００８年（4位）、２００９年（3位）と立て続けに出場して、順位を上げました。まさに寝ても覚めてもＵＴＭＢのことばかり考えていた頃で、この間に、僕はそれまで勤めていた役所を辞め、プロのトレイルランナーとして独り立ちを果たします。ちょうど40歳の時でした。２００９年のＵＴＭＢ3位というのは、僕の戦歴の中でも最も輝かしい記録です。しかし、その代償に、僕はアキレス腱を痛めます。また、40歳を境に肉体の衰えを実感するようになっていました。

２０１０年のＵＴＭＢはスタート直後、天候が悪化してわずか3時間で中止になってしまいます。2年越しの挑戦となった2011年は7位。満を持して現地入りした2012年も、悪天候のため100キロのなだらかなコースに短縮され、自分には不利なスピード勝負になりましたが、なんとか10位に滑り込み、表彰台に立つことができました。

しかし、それ以来、UTMBとは距離をおくようになりました。40代後半に入って、フィジカル面に不安を抱えていたこともありますが、僕自身が生き方を見直していく中で、別のレースにもチャレンジしたい、もっと世界を見てみたい、それによって、もっと自分自身のことを知りたいと思ったからです。

160キロのウルトラトレイルを最後まで走り抜くには、ただ脚力や持久力を鍛えればいいわけではありません。舗装道路を走るわけではないので、コースの事前チェックは欠かせないし、エネルギーや水分の補給を怠ると、すぐにハンガーノックや脱水症状に襲われます。気温の下がる高所を走るときは適切なウェアリングをしないと、低体温症で動けなくなります。真っ暗闇の森の中を走っているときに、ライトの電池が切れれば、遭難の危険もあります。突然吹雪に見舞われることもあれば、落石事故やクマなどの野生生物と遭遇する可能性もあります。

数々の障害を乗り越えて走り続けたとしても、１００キロを過ぎ、最後の60キロを走る頃には、自分の限界に挑むことになります。身体はボロボロで、全身が疲労と筋肉痛で悲鳴をあげ、意識も朦朧としてくる中で、「なんで自分はこんなつらいことをしているのだろう」「もうやめてもいいのではないか」と繰り返し誘惑が襲ってきます。すでに身体が限界に達しているので、脳は「いますぐやめろ」「これ以上は命にかかわる」と指令を出してきます。しかし、そこで立ち止まってしまっては、レースをコンプリートすることはできません。

この本は、１００キロを超えるウルトラトレイルのレースを何十回と完走し、数々の地獄を乗り越えてきた僕自身の考え方や経験、メンタルの鍛え方を述べた本です。トレイルランニングの話をベースに解説していますが、みなさんの仕事にも生かせるように工夫しました。僕自身も、プロトレイルランナーになる前は、15年間サラリーマンをしていたので、そのときの経験も加味してあります。

第1章では、レース本番に至るまでの準備について述べています。ありとあらゆるものを動員して、本番に備えます。

続く第2章は、本番直前のメンタルの持っていき方です。真剣勝負に臨むときの心構えについて説明します。

第3章はレース中の思考法です。いったんレースが始まったら、何が起きても臨機応変に対応するしかありません。

第4章では、いよいよ自分の限界を超えるチャレンジについて語ります。

第5章はレース後の反省とリカバリーです。失敗や挫折を次につなげるエネルギーに添加します。

第6章はこれまで1人の競技者として、大会運営者として道を切り拓いてきた「プロ」としての哲学について考えます。僕自身が実行委員長を務めるウルトラトレイル・マウントフジ（UTMF）の運営チームのマネジメントについても述べています。

最後の第7章は、50歳を目前にした現在の僕の心境です。僕自身の新たなチャレンジについても述べています。

人生においても、仕事においても、いざというときに真の実力を出せるかどうかは、それまでくぐってきた修羅場の数で決まります。**決して強い人間ではなかった僕が、なぜ最**

も過酷なウルトラトレイルの世界で、トップランナーの仲間入りができたのか。限界を超えて自分の底力を引き出す、絶望的状況の自分を変えるというのは、どういうことか。何回失敗しても折れない心はどうやって育むことができるのか。

この本が、みなさんが日々直面している課題をクリアするのに、少しでもお役に立てば、こんなにうれしいことはありません。

2018年　3月

プロトレイルランナー　鏑木毅

目次

プロトレイルランナーに学ぶ
やり遂げる技術

INDEX

第1章　本番までにできることはすべてやる

成果を出すトレーニング

第2章

集中力を極限まで高める

勝負どころのメンタルマネジメント

第3章 つねに考えながら走る
実力を出し切る方法

第4章 自分の限界を超える
サバイバルレースを走り抜く方程式

第５章 結果を次につなげる
本番後の学びと回復力

第6章 開拓者として生きる
プロトレイルランナー、レース運営の哲学

第7章

これからも走り続ける

50歳からのリスタート

構成／田中幸宏
ブックデザイン／杉山健太郎
DTP／一企画

本番までにできることはすべてやる

―成果を出すトレーニング―

第1章

すべての準備は
パズルのピースととらえる

100マイル（約160キロ）を完走するためには、膨大なトレーニングが必要です。毎日同じようなことを繰り返しているように見えて、実は、一個一個の練習に意味があります。

ジグソーパズルのピースが一つでも欠けるとパズルが完成しないように、一見無意味な反復動作であっても、それぞれきちんと意味があって、ムダなトレーニングは一つもない。どんなに忙しい状況でも、細切れの時間を使って小さなピースを積み上げ、少しずついろいろな形ではめ込んでいく。アスリートはそういう作業を延々と続けているわけです。

毎日同じことをしていると、どうしてもマンネリ化して、自分自身を見失うような状況が必ず訪れます。「いまやっているこれは、本当に意味があるのか？」という疑問が沸き起こり、「このままで目指す到達点に近づけるのか？」「ずっと停滞している、むしろ落ちているんじゃないか？」という不安と闘いながら、それでも気持ちを奮い起こして、自分を追い込んでいかなければ、トレーニングの絶対量を積み上げることはできません。

たとえば、朝起きて40分間自宅のトレッドミルで走る。それだけ取り出してみたら、どんな意味があるかはわからないかもしれない。でも、毎日そういう一つひとつのルーティンを確実に積み上げることで、どんどん上がっていくイメージを持たないと、モチベーションは保てません。ジグソーパズルをイメージしているのは、大小さまざまなピースを一個ずつはめ込んでいくことで、着実に完成に近づいていると実感できるからです。

僕は過去のレース経験から、大きいピース、中くらいのピース、小さいピース、極小のピース、どのピースをどれくらい積み上げればうまくいくかがわかっています。自分を極限まで追い込む大きいピースはだいたい10個くらい、中くらいのピースは20個くらい、小さなピース、極小のピースはこれくらいという配分がわかっているので、半年先の本番のレースに向けて、それらをバランスよく積み上げて、ちょっとやそっとのことでは崩れない堅牢な石垣を組んでいきます。

毎日決められたメニューをこなす、言われたことをただやるというのでは、やる気が出ないときもあるでしょう。しかし、**一つひとつの練習に意味を持たせて、一つでも欠けると本番で最高のパフォーマンスを発揮できない、と自分に言い聞かせて、どんなに小さなトレーニングでも集中して取り組むことが大事です。**

僕は40歳まではサラリーマンをしながらトレイルランニングのレースに参加していました。まとまった練習時間は週末しかとれないので、平日は昼休みの30分、終業時間から残業を始めるまでの20分という時間もムダにせず、周辺をダッシュしたり、階段を昇り降りしたりしていたので、短時間で集中するのは慣れています。プロトレイルランナーとなったいまも、全国各地で開催されるイベントやセミナー、取材でふだん忙しくしているので、移動先のちょっとした時間もうまく利用して、小さいピースをどんどん積み上げる。それが一番合理的なやり方だと思っています。

仕事でも、毎日決まりきったルーティンワークばかりしていると、同じ作業の繰り返しに埋没してしまって、自分が本当に成長できているか実感できないという人も多いはず。でも、一つひとつの作業に意味を見出して、集中して取り組んでいれば、たとえメールを一通返信するだけでも、そこから信頼関係を築くことができます。資料作成も、会議も、上司への報告も、一つひとつに意味があって、自分はつねにステップアップしていくんだというイメージを持っていれば、頭を使わずただ「こなす」ことにはなりません。どんなに小さなことでも、毎回誠実に取り組むこと。パズルのピースが一つでも欠けていたら、目指すゴールには到達できないのです。

必要なものは貪欲に取り込む

プロのアスリートには珍しいかもしれませんが、僕には専属のコーチはいません。トレーニングの内容も、誰かについて教えてもらうのではなく、自分でいろいろ試してみながら、時間をかけていまのメニューを組み上げてきました。それは、トレイルランニング、とくに100マイル（約160キロ）を超えるウルトラトレイルが比較的最近できたスポーツで、確立されたトレーニング方法がなかったからでもあります。

同じ走る競技でも、マラソンや駅伝、トラックレースにはもう長年蓄積されたノウハウやトレーニング方法があります。たとえば、大学の駅伝チームでこういう練習を重ねて、この時期にこれくらいのタイムが出れば、箱根駅伝の2区でこのぐらいのタイムで走れるといったことは、だいたいわかっています。ところが、トレイルランニングに関しては、ほとんど前例がなかったので、僕自身が先駆者として、自分の身体で実験をしながら、メニューを開発する必要がありました。

「こうやれば、この能力を効率的に鍛えられる」という答えがわかっているわけではないので、固定観念にとらわれず、とにかくいろいろ試してみました。走るだけではなく、水泳でもゴルフでも何でもいいから、ネットやテレビや本を見て「これがよさそう」と思ったら、積極的に取り入れてやってきました。

トレーナーの方から「鏑木さん、そういうときはこうしたほうがいいよ」とアドバイスをいただくこともあります。でも、やってみて「これは違うな」と思ったものはやりません。**自分の身体と心にフィットしないものは、絶対に取り入れない。**そこはすごく頑固です。だから、新しく試してみたものの中で、実際に取り入れるのは、20あるうちの一つか二つくらいです。

身体のケアも同じで、疲労回復のためにいいと聞けば、何でも試してみるのが僕のやり方です。専門家に教えを請いながら、自分で鍼治療ができるまでになりました。２００９年のＵＴＭＢ（ウルトラトレイル・デュ・モンブラン）で3位になって、左足のアキレス腱を故障したときも、「この治療法が効くかも」「この病院がいいらしい」と聞けば、全国どこにでも行きました。

レース本番に向けたジグソーパズルの大小さまざまなピースは、そうやって一つひとつ時間をかけてつくり込んできたものです。**試してみて効果がなかったらやめればいいし、「もっとこうすればよくなりそう」と思えば改良を加えてみる。**もう20年以上もそうやってトライ&エラーを重ねて、いまの形ができてきたわけです。

トレーニングのやり方一つとっても、決まりきったものはなく、自ら創造していける楽しみ。それは生まれて間もない新しいスポーツに出会えた興奮でもあるし、新しいことに前向きにトライできるところが自分に合っていると思います。

トレイルランニングは自然を相手にしたスポーツですから、季節により、天候によって、コースの状況は刻々と変わるし、吹雪の山中を行くこともあれば、ドロドロの沼地を駆け抜けることも、急峻な岩山を3点支持で登ることもあります。どんなトレーニングがどのシーンに役に立つのか、どこに宝物が埋まっているかわからないので、それを日々の生活の中で探し続けるおもしろさがあります。自分で探求する楽しさがなければ、もしかしたら50歳まで続けていなかったかもしれません。

仕事に対する姿勢も同じです。自分なりにあれこれ試して、一番しっくりくるやり方を探すのか、それとも、言われたことをただこなすだけで満足してしまうのか。毎日「もしかして、これは仕事の役に立つかも」と思って周囲にアンテナを張り巡らせている人と、ルーティンワークの中で完結してまわりを見ようともしない人。新しいものは何でもおもしろがってとりあえず試してみる人と、変化のない日常に安心感を覚える人。そうしたちょっとした意識の差が、実は、あなた自身の成長とつながっているのではないでしょうか。

一つひとつの練習を成仏させる

自然を相手にしている以上、そのレースのために1年間必死にトレーニングしてきても、当日の天候によってコースが短縮されたり、中止になったりすることは避けられません。しかし、途中でレースが中止になることほど、精神的にきついことはありません。

2009年のUTMBでアキレス腱を痛め、重度の故障を抱えながらも、僕は翌年のUTMBに出場するために1年間、過酷な練習を耐え抜きました。ところが、2010年のUTMBは、悪天候により途中でレース中止となってしまった。それまで張り詰めていたものが急になくなって、思わず泣き崩れました。

それは、この先レースを走れないことが残念というよりも、むしろアキレス腱の激痛と闘いながら、それでも限界まで激しい練習を重ねてきたそれら幾多のトレーニングが、まったく浮かばれることなく、ここで断念せざるを得ないことへのやるせなさでした。一個一個のトレーニングが激痛との闘いで、強度の高い練習をするときは痛み止め薬や注射を利用しながらも続けてきたので、とりわけその想いが強かった。

自分のすべてを賭けてきた一つひとつのトレーニングを、レース本番で成仏させられなかったことに対する申し訳なさ。それを思うと、僕は泣かずにはいられませんでした。

どれだけ必死に練習しても、どんなに悲壮感漂う努力をしても、それが報われるかどうかは時の運です。でも、だからこそ、一日一日のトレーニングに対して失礼のないように全力で立ち向かう。わずか15分の練習でも、12時間ぶっ通しで走る練習でも、どれも同じように愛情を持って、一つひとつ練習日記に書き残しています。

なぜそこまでこだわるかというと、大小さまざまなピースをはめ込んでできたジグソーパズルの完成図をレース本番で披露して、一つひとつの練習を浮かび上がらせてあげたい、成仏させてあげたいという思いがあるからです。レースで思ったような走りができたら、自分の身体を追い込んで、耐えに耐えてきた練習の一つひとつが報われる。たとえそのレースが失敗したとしても、その経験を次のレースに生かすことができます。

だからこそ、一つひとつの練習に対して、どれだけ高いレベルで向き合えるか。毎日同じようなことの繰り返しで、マンネリ化しがちなトレーニングに対して、いかにモチベーションを高く保って取り組むかが大事なのです。

僕はトレイルランニングを始めて20年、ランニング自体はもう35年くらい続けています。それだけ長きにわたって走り続けているので、「50歳近くになって何をやっているんだろう」と感じることも、もちろんあります。それでも、そのトレーニングに意味を持たせ、愛情を持って取り組むには、この練習をいつか檜舞台で生かすんだ、必ず結果につなげて成仏させるんだという強い気持ちが必要です。

僕にとっては、どんなに厳しいトレーニングでも、それは記憶から消し去りたいようなつらい経験ではなく、むしろ子どもの頃に経験した家族旅行の思い出のような、愛おしい存在です。それだけ**愛情を持って取り組んでいるからこそ、レースという舞台で必ず生かしてあげたいと心から思います。だから、その生かし方を真剣に、神経を研ぎすませて考える。それがレースにおける結果につながっていく**わけです。逆に、一つひとつにきちんと意味づけしないまま、ただ漫然と練習をこなしているだけでは、結果は伴いません。

限界を超えて走り続けるウルトラトレイルは、精神論だけで乗り切れるほど甘くないし、エネルギー補給一つとっても合理的・科学的な考え方が欠かせません。人並み外れた体力も、あらゆる路面を走破するテクニックも必要です。しかし、理論だけ追っていても、絶対に強くなりません。心技体全部揃ってはじめて満足の行く走りができます。その意味でも、一個一個のトレーニングは、技術的・理論的な裏づけと、心を込め、愛情を込めることのどちらが欠けても、うまくいかないのです。

後から振り返れば、どんなにきついトレーニングも、自分が高みに昇っていくための一つの手法、一つの出来事であって、それはある意味ハッピーなことへとつながっていく一つの経験でもあります。後から「つらかったけど楽しかった」と思えるような準備ができたときは、おのずと結果もついてきます。

限界を引き上げる二つのアプローチ

レース本番での学びに勝るものはありません。自分の限界を超えるには、実際にレースを最後まで走り切るしかないのですが、そこにチャレンジするためには、ストレッチ（背伸び）した無理めの目標を立てて、負荷をかけたトレーニングを積み重ねることで、基礎体力を上げておく必要があります。そうした地道な準備を怠ると、そもそも完走することができません。

ルーティンでやるようなベースストレーニングでも、ストレッチすることはできます。たとえば、膝を上げてジャンプするのを30回5セット、1分間隔で繰り返すトレーニングを、30回を35回にするとか、ジャンプの高さを40センチから45センチにするとかして、臨界点をつねに上げるような工夫をすることができます。


ストレッチして従来の臨界点を超えるには、二つのやり方があります。

一つは、今日1回トライして「できた」と満足して終わるのではなく、40センチを41センチ、42センチ……と無理なく時間をかけて上げていって、その状態が当たり前になるようにする方法です。ふだんは100のものを101、102……と上げていくイメージです。

もう一つは、「今日は臨界点を超えるんだ」と決めて、一気に引き上げる方法です。いつもは12時間走っているところを15時間に延ばすと負荷がかかります。そうやって意識的に負荷をかけて一気に伸ばす。100のものを一気に120、130……でやってみるイメージです。

無理なくストレスを上げるときと、無理してストレスを一気に上げるときの二つのパターンを併用することが大切です。この二つを使い分けられると強くなります。とくに、後者の「これはちょっと無理だろう」というレベルのチャレンジを時々織り交ぜることができるか。ウルトラトレイルという自分の限界を超えるレースで戦うためには、いままでの自分の考え方やフィジカルを超えるトレーニングを年に何日かはやる必要があります。ジグソーパズルでいう「大きなピース」です。

ただ、相当自分に厳しくないと、限界を超える練習になりません。「よくやったよ」「もういいだろう」と思ってからが、本当のトレーニングだからです。

たとえば、僕は年に1回くらい20時間ほどかけて夜通しダラダラ走るというトレーニングを取り入れています。ふつうの感覚では、あまり意味のない練習に見えるはずです。もっと集中して、短い時間に凝縮してやったほうが心拍数も上がるし、得られる効果も大きいのですが、あえてそういう練習をやっているのは、自分でも嫌気が差すようなダルい時間を延々と過ごすことに意味があるからです。

一晩中ダラダラ走っていれば、眠いし、寒いし、お腹もすくから、ひもじい思いをします。寒くて身体も硬直して走れなくなるときもあります。それも含めて、トレーニングなのです。

長い目で見れば、必ず意味がある。そういう意識で取り組んでいれば、ムダなトレーニングなど一つもないのです。

好きなことだから本気で遊ぶ

今日は身体がダルいから、サボりたい。昨日遅くまで仕事だったから、今日はゆっくり休みたい。雨だから、ちょっと軽めのメニューにしておこう。**少しでもラクをしたいという誘惑は、あらゆるところから忍び寄ってきます。そんなとき、僕は「これは練習じゃなくて遊びなんだ」と思うようにしています。**そう思うと、不思議と気持ちが前向きになれるのです。

根っこにあるのは、山を走ることが好きということです。山を走ることで自分が解き放たれ、どこまでも自由になれる、１００％以上の力を出し切れると思っています。

28歳でトレイルランニングというスポーツに出会ったとき、そのおもしろさに衝撃を受けました。はじめて出た山田昇記念杯登山競争大会で優勝し、その後、レース以外にもあちこちの山を訪れました。登山やトレッキングなら2、3日かかるようなルートでも、走っていけば1日で行ける。そして、山を走るときに五感全部を使って感じる爽快感と、次はどんな景色が見えてくるのかというワクワク感。こんなに気持ちいいことはない、これ以上おもしろいものはないというのがすべてのベースです。

とはいえ、毎日同じようなトレーニングをしていると、どうしても「こなす」意識が出てきてしまって、１００のつもりが70や80の力しか出せないことがあります。ウルトラトレイルを走るうえでは、12時間、20時間走り続けるようなキツい練習もパズルを構成する大事なピースの一つですが、これを「やらなきゃいけない」「このピースをはめ込まなきゃいけない」と思った瞬間、そこに義務感が生じてしまう。ただでさえキツいトレーニングなのに、誰かにやらされて走るのでは、力を出せるはずがありません。そんなときこそ、

「これは遊びなんだ」と思い込むことが大事なのです。

車を運転して現地に向かうときから、「頂上からどんな景色が見えるかな」「どんな楽しいことが待ってるかな」「どんな花が咲いてるかな」「どんな人がいるかな」とワクワクする気持ちに変えていく。トレイル以外でも、刺激の少ないロードのトレーニングでもなるべくそういったことを感じながら、つねにモチベーションが腐らないようにしていくことが、すごく大切です。

トレーニングの一環として、あえて雨の日や雪の日に山を走ることもあります。レース本番で吹雪の山中を走ることもあるからです。でも、雨だからといってイヤとは考えないようにしています。晴れているときだけが最高というわけではないし、雨水を吸った草や落ち葉がフワッと沈み込む感覚も嫌いじゃありません。それに、雨が降り、どんよりとした深い森の中を一人で走るときのほうが、周囲のことも気にならず、自分に集中できます。いろいろなアイデアが浮かんでくるのは、決まってそんなときです。

そうやって、**どんな些細なことでもつねに楽しむ姿勢、ワクワクする気持ちを持つことでプラスアルファを引き出す**のが僕のスタイルです。逃げたい、ラクしたいという気持ちをプラスのエネルギーに変えるのは、「今日も思いっきり遊んでこよう」という子どものような思いです。

誰かに「ああしろ」「こうしろ」と強制されて、それにひたすら耐えて練習できるほど、僕はメンタルが強くありません。トレイルランニングに出会う前の僕が、陸上競技で大成できなかったのは、決められたメニューを「こなす」ことにどうしても真剣になれなかったからでもあります。でも、自分がおもしろいと思えることに対しては、考えられないような力を発揮できる。そのことを僕は強く自覚しています。

僕にとって、日々のつらい練習も、自分の限界に挑む本番のレースも全部「遊び」です。といっても、遊びだから適当にやるわけではなくて、とことん真剣に遊ぶこと。毎日ずっと真剣に遊び続けた集大成で、最後の一番大きなごほうびがレースだと思っています。みんなが注目しているところで、どでかい遊びをしてくるぞ、という感覚です。だから、僕はレース直前によく言うのです、「死ぬ気で遊んできます」と。

仕事でも、無理やり何かをやらされるのは苦手です。「これをやらなきゃ」と思うと逃げ出したくなるし、大きなプレゼンをやるときに「ここで決めなきゃ」と思うとプレシャーで萎縮してしまう。でも、それを楽しむ気になれば、いろいろなアイデアが湧いてくる。たとえ失敗したとしても、戦国時代と違って首を斬られることも、切腹を命じられることもありません。最近では、「人生は壮大な遊びだ」と達観できるようになってきました。

練習日記をつけ、いまに生かす

日々の練習を日記に書くようになって、もう17年になります。1年に1冊使い切るので、僕の手元には17冊の練習日記が残っています。ただ記録するだけでなく、しょっちゅう見直して、うまくいったレース、うまくいかなかったレースの3カ月前、2カ月前、1カ月前に何をしていたか、つねに分析しながら、いまの練習に生かしています。

自分でもすごいと思うのは、17年前にやった練習でも、日記を見ると、その日の情景を鮮やかに思い出すことができるということです。だいたい9割くらいの確率で覚えています。なぜそんなことが可能かというと、練習メニューを記録するだけではなく、その日に起きた何気ない出来事もメモしてあるからです。

たとえば「この後飲み会に行った」と書いてあれば、そこから記憶を辿って、「ああ、そうだ、あのときの飲み会でこんなことがあったよな。それで、その前に競技場をグルグル回って、5000メートル走って、ラスト1000メートルはグダグタだったな」とそのときの感覚までよみがえってくる。「あのときは疲労がかなり溜まっていたな」と思えば、その原因をさらにさかのぼって探ります。すると3日前に「ああ、こんな練習していたな。ここでやりすぎたから、3日後のトラック練習でうまくいかなかったんだな」といったことが見えてきます。そうした分析を丹念に積み重ねていくと、なぜそのレースで失敗したのか、なぜうまくいったのかがわかってきます。

そういうことをつねに考えながら練習日記をつけ、何度も読み返すことで、いまに生かしているわけです。

記録しているのは練習のボリューム、距離、それに疲労感です。とくに重要なのが疲労感で、後半にすごく疲れが出てきたとか、足の疲労よりも心肺機能のほうが弱っている感覚が昼にあったとか、左脚の外側のこの筋肉を少し損傷したとか、違和感があったというようなことを細かく書くようにしています。それによって、「なぜ○○が起きたのか」と後から分析することができます。逆にいうと、**記録を取るだけで、後から振り返らなければ意味がない**ということです。

いまはスマートフォンやGPSウォッチで簡単にトレーニングのログ（記録）を残しておけるので便利ですが、記録を取ること、それをSNSでシェアすること自体が目的になってしまって、振り返りがうまくできていない人が多いようです。手描きのノートでも、スマホのログでも、それを見たときに頭の中でフィードバックできなければ、記録はただのデータにすぎません。データはあっても記憶が再生できないと、自分自身の成長につなげることはできないのです。

強い選手、強くなる選手は、何年前の練習でも覚えているものです。3年前、5年前にやったトレーニングのことなんて覚えていない人がほとんどだし、記録も残っていないという人も少なくありません。**決して人より才能に恵まれたわけではない僕が、トレイルランニングの世界でこのレベルまで来られたのは、過去の一つひとつの練習をムダにせず、つねに分析して、いまにつなげてきたからです。**

サラリーマン時代は日報的なものを毎日書かされていましたが、「何の意味があるのだろう?」とずっと疑問に感じていました。「上司から言われたからやる」「まわりがみんなやっているからやる」ということが本当にダメで、やることの一つひとつに意味がなければ、僕は力を発揮できません。同じことをやっていても、一つひとつが将来に向けた自分への投資です。だから、それを一つひとつクリアしていくことで、目指す到達点に確実に近づくことができるという感覚を持つことが大事なのです。

練習日記をつけるだけでも、毎日5分や10分の時間をとられます。ただのお飾りの手帳を積み上げるために、そんな時間をかけるのは意味がありません。「この日記を将来絶対に生かすんだ」と思っていれば、「もっとこうしよう」「5年後も覚えているためには、こんなこともメモしておくといいかも」という工夫が生まれ、分析にも気合いが入ります。

根っこにあるのは、真剣に「強くなりたい」という気持ちです。真剣に強くなりたいから、一つひとつの練習も真剣に取り組む（真剣に遊ぶ）し、練習日記を書くのも、それをいまに生かすのも全部真剣なのです。

イメージトレーニングで極限状態に慣れておく

160キロの山道をおよそ1日かけて駆け抜けるウルトラトレイルは、疲労（ストレス）が蓄積した状態からどれだけ走れるかが勝負の分かれ目です。本当にキツイのは、100キロ、120キロを過ぎてから。120キロを過ぎても、まだフルマラソンを1本走る必要がある。そこでいかに身体を動かすことができるか、折れそうになる心をつなぎとめることできるかが最大のキモなのです。

多くの選手は、100キロまでのイメージしか持っていません。それはある意味当然で、100キロを超えた極限状態なんて日常で経験する機会はないし、あんなにキツイ状況がしょっちゅうあったら、生きていくのがつらくなってしまう。「こんなこと、やっていられるか！」というのがふつうの反応です。

それほど追い込まれるレースですから、ふだんから疲労（ストレス）に慣れていないと、レース本番で拒絶反応が起きてストップしてしまいます。「ああ、もうダメだ」と思ってしまうところを、何とか「いつもの当たり前の状態だよ」と思えるようになるまで、トレーニング段階で身体を追い込んで、極限状態に慣らしておく必要があります。

本番で勝つためには、120キロを超えたときの朦朧《もうろう》とした感じ、ダルさ、眠気、「いますぐやめたい。でも、やめられない」という心の葛藤、幻聴や耳鳴り、脚の痛み、疲れきった身体、そういった状態を目をつぶっていかにリアリティを持って再現できるか。日頃から頭の中で何度も再現して、いかにその状態が当たり前かと自分に思い込ませる作業が欠かせません。そこから逃げてはダメで、いかにその状態と向き合えるかが勝負の分かれ目です。

身体を使った練習でも、そうした状態を感じられるまで自分を追い込んでいきます。たとえば山に練習に行ったとき、3000メートル近くを一気に駆け上がり、心拍数を高めて、短時間で疲労状態をつくっておいてから、山頂付近のトレイルを長時間駆け巡る。短時間でガッと追い込んで、「疲労でもう動けません」という状態になってはじめて今日の練習が始まるという感覚でやっています。

かなりのスピードで上っていくので、山登りの部分だけを見て「すごいトレーニングをやっていますね」と言ってくれる人もいますが、僕からすると、そこはウォーミングアップ。むしろ、その後が練習の本番です。

それくらいの認識を持っていなければ、ウルトラトレイルで勝負することはできません。いま、これくらいつらい状態で、あと何分、何時間耐えられるか。そのことはつねにイメージしています。

もちろんキツイ練習ばかりやっていると身体が壊れてしまうので、その後は軽めの練習を中心にするなどして調整しますが、極限状況を再現するイメージトレーニングは常日頃から行うようにしています。

レース本番のストレスは実際にレースを経験することでしか学べないので、1回それを経験したら、頭の中で何度でも再現して、その経験を味わい尽くす。本番の借りは本番でしか返せないので、前回の経験を総動員して、次のレースにのぞむ。その繰り返しで、強くなっていくんだと思います。

忘れたくなるようなハードな経験も、次に生かすために何度も脳内再生していれば、いつしかそこがベースになります。次は、そのベースの上にどれだけ上乗せできるかです。

そうやって、自分の限界を乗り越えていきます。

「こうなりたい」というゴールを先に決める

プロのアスリートの評価基準は単純です。勝つか負けるか。勝負どころの試合で結果を残すことが求められます。年に何本も走れるわけではないウルトラトレイルの場合、その年のメインレースを先に決め、逆算して練習メニューを決めていくのが一般的です。

ところが、ビジネスパーソンの場合、年に数回の勝負どころというのがわかりにくい。そもそも何で評価されているのか見えにくいし、昇任試験に合格するとか、「このプレゼンの出来次第で、大きな商談が決まる」というような、わかりやすい本番があまりないのがアスリートと違うところでしょう。

重要なのは、自分の中で「こうなりたい」「こうしよう」という到達点をビシッと決めることです。たとえば「来年この部署に異動したい」と思ったら、そこに行くために、いま自分に足りない知識、伸ばすべきスキルを考えて、それを1年かけて磨いていく。異動を認めてもらうための段取りも必要です。社内人脈をつくったり、話のわかる上司を味方につけたりするのも、「1年後の異動」というゴールがしっかり決まっているからです。

「この人に会いたい」「この人の下で仕事をしてみたい」「マネジャーに昇進したい」「海外で仕事がしたい」「元気のいいベンチャーに転職したい」「大企業で安定を求めたい」「独立してフリーでやってみたい」……到達点は人それぞれ。同じ人でも、年齢やタイミングによってどんどん変わっていきます。それぞれのゴールに向けて、いまやるべきことを一つひとつ積み上げていく。ゴールがしっかり決まっていないと、一つひとつのトレーニングに意味を持たせることができません。

160キロを超えるウルトラトレイルは、年に3本、4本と走ることはできません。たいてい2本が限度で、僕のいまの体力では1本でもギリギリという感じです。だから、その1本をまず決めるのが、とても大切な作業になります。世界最高峰は間違いなくUTMBですが、いまの年齢の自分がその年に最も輝ける舞台はUTMBとは限りません。「このレースに出たら、どんな景色が見えるんだろう」「どんな感覚でこの大会を走れるんだろう」というワクワク感が大きいレースを、なるべくチョイスするようにしています。

仕事は必ずしも自分で選べるわけではありません。サラリーマンはとくに「あれしろ」「これしろ」の世界ですので、自分が好むと好まざるとにかかわらず、やらなければいけないことがたくさんあります。でも、それだけに終始していたら、本当の自分の力は出せません。

「自分はこうなりたい」「こうしたい」という夢やビジョンがあって、その実現に向けて創意工夫していく中で、自分本来の力が発揮されていく。それは、決してルーティンワークを「こなす」だけでは出てこない力です。

「本当はやりたくないけど、仕事だから割り切ってやる」と思っている仕事が、次につながることはありません。自分の夢を実現するためにやるからこそ、一つひとつの仕事に魂を込めて向き合うことができるのです。ゴールに近づいているという実感があるからこそ、つらい仕事も楽しんで取り組むことができるのです。

楽しくなければ、上達しない。楽しいから頑張れるし、いまは違っても楽しい未来が待っていると思うから我慢できるのです。仕事はつらいことばかりという人は、「こんなはずじゃなかった」と悩むのではなく、「もっとこうしたい」「こうなりたい」と考えてみてください。自分なりのゴールがイメージできたら、灰色の日常が急に色づいて見えるかもしれません。そうすれば、目の前のつらいことも乗り越えることができるはずです。

つねに得意分野をアップデートする

自分が一番輝ける場、自分の得意分野は、年齢やタイミングによって、どんどん変わっていきます。歳を取れば、そのときの状況に応じて、自分がフィットしやすい分野が違ってくるのは、ある意味当然です。だから、**自分の勝負どころを毎年毎年更新していく。そのときの状況に合わせて臨機応変に変えていくことが大事です。**

僕自身も、これまで学生時代の駅伝（ロード）から始まり、28歳で山岳レースと出会ってからは、国内のショートレンジからミドルレンジへ行って、最後はロングレンジの海外のウルトラトレイルに参戦するようになりました。それは年齢からくる瞬発的なスピードの衰えだけではなくて、長年トレーニングを積み重ねてきたことによってスタミナ値が上がってきた結果、距離が長くて過酷な条件ほど、自分に有利になることがわかってきたからです。それによって、自分の活躍の場をスライドさせてきたわけです。

「自分はこれで生きてきた」「これしかない」と頑固に一つの道を貫く生き方もあるとは思いますが、そこをパッと切り替えて、「いまの自分はこっちのほうが向いている」「だから、こっちに行くんだ」と状況に合わせてアップデートしていくような思考も大切です。この切り替えがうまくできないと、「あの人も昔はよかったんだけどね」と言われてしまうかもしれません。

もし僕が国内レースのミドルレンジだけに終始していたら、たぶんこの歳まで現役を続けられなかったでしょう。マンネリ化して、モチベーションを維持できなかったと思うからです。活躍の場を海外のウルトラトレイルに移したことによって、新しい目標が生まれ、それに向けて日々の練習もイノベートされていく。それ自体がワクワクする体験で、モチベーションも上がります。

毎年同じ目標、同じ練習を繰り返していると、人間は「本当にこれでいいのか」「こんなことをしていて意味があるのか」とマイナス思考に陥りがちです。優勝するのはたしかに気持ちいいものですが、それが何年も続くことになると、練習に対するモチベーションを維持するのも大変です。時には、アドバイスをしてくれた人に対して、「自分のほうが実績があるのに、この人は何を言っているんだろう」と妙に批判的になってしまうこともありました。

そうしたことを避けるためにも、戦う場所を変えるというのは、自分にとってすごく意味がありました。2005年に国内3大レース（日本山岳耐久レース、富士登山競走、北丹沢12時間山岳耐久レース）を制覇するトリプルクラウンを達成して、国内レースでは無敵といわれた僕も、2007年にはじめてUTMBに参加して、世界を見渡せば、上には上がいることを思い知りました（結果は12位）。そのことが、次なるモチベーションへとつながっていったのです。

ウルトラトレイルでは、前半抑え気味のペースでついていき、後半の苦しいときに逆転するのが、僕の勝ちパターンになりました。延々と続く登りや100キロを超えた後の極限状態での粘りなど、きつければきついほど力を発揮するのが僕の強みです。それも、自分の得意分野をつねにアップデートしてきたからこそ気づくことができたわけです。

何かにこだわるあまり、自分の上限を自分で決めてしまっていないか、もう一度、自分と向き合ってみると、意外な発見があるかもしれません。

集中力を極限まで高める

—勝負どころのメンタルマネジメント—

第2章

本番に向けて気持ちの波を乗りこなす

レース本番に向けて、気持ちを盛り上げて行くのが重要という人もいれば、平常心を保つのが重要という人もいますが、僕自身はどちらも大事だと思っています。**人間というのは、つねに一定ではなく揺れ動いているものなので、周囲のプレッシャーに押しつぶされそうになったとき、弱気になって逃げたくなったときはモチベーションを高めていくことが重要だし、気持ちが高ぶりすぎて前のめりになったときはリラックスして平常心を保つのが重要になります。**

メンタルに限らず、「このときはこれ」「別のときはあれ」といった具合に、複数のやり方をバランスよく取り入れることを心がけています。答えは一つではないからです。一つのことにこだわって、がんじがらめになるよりも、そのときの自分の状態に合ったやり方を柔軟に取り入れていくほうが無理がなく、自分に合っています。

僕は、レースのたびにものすごいプレッシャーを受けています。UTMBでは、初出場の2007年に12位、翌2008年に4位、2009年に3位と順位を上げてきたので、会う人会う人みんなが「次は1位」「今度こそ優勝」と言ってもらえるのがうれしい反面、その期待に押し潰されそうになる自分がいました。

とくに2009年からはテレビのドキュメンタリー番組で取り上げられ、密着取材を受けたりしたので、「大勢の人が見るのに失敗したらどうしよう」「番組として成立しなかったらどうしよう」という不安が襲いかかります。そのプレッシャーはレースが近づくにつれて高まってくるので、そのうち気持ちがおかしくなってきて、いつもの自分でいられなくなるほどです。

メディアに注目されるということは、たしかにすごい経験です。自分の走る姿をカメラに収めるために、何十人という人たちが現地までやってきて、何千万円ものお金を使って、レース当日にすべての照準を合わせるということがどれだけ大変か。サラリーマンをやっていた僕にはリアルにわかるだけに、余計にプレッシャーを感じます。レースがうまくいかなかったら、いったいどれだけ多くの人に迷惑がかかるのか、それを考えると、どんどん気持ちがネガティブになってしまいます。

そういうときこそ、できるだけプラスになることを考えます。トレイルランニングに出会う前、長年陸上競技をやりながらも、まったく日の目を見なかった時代には、「注目されたい」「自分もスポットライトを浴びたい」という想いをずっと抱えていました。だから、いまこれだけ注目されるのは願ってもないことで、よく考えれば、すごく幸せなシチュエーションです。そこで、「こんな機会は滅多にない」「人生のよい記念になる」「一世一代の舞台で輝くんだ」「UTMB、待ってろよ」とモチベーションを上げていく。気持ちを高揚させて、つらい練習も乗り越えていくのです。

そうはいっても、いつもギンギンでいられるわけはなく、時にはフッと息を抜いて落ち着かせることもあります。**本番で最高の状態に持っていくためには、高揚感と平常心のあいだを行ったり来たりしながら、精神的な波をうまく乗りこなす必要があります。**

ウルトラトレイルは優勝する人でも20時間以上、人によっては2昼夜にわたって走り続けることになるので、わずか数分で勝負が決まる瞬発系の競技や格闘技、採点競技とは、一瞬に賭ける心持ちは違うかもしれません。

スタートダッシュですべてが決まる、一発勝負で逆転は困難、という競技では、いかにふだん通り、練習通りの気持ちで本番に臨めるかが大切です。気持ちの波を最小限に抑えて、平常心を保つことが、本番で結果を出すためには必要だからです。同じ長距離でも、変化の少ないトラックレースやロードレースでは、徹底的にムダを排除して、1分1秒を削り出す走りが求められます。

しかし、天候やコース状況次第でタイムも順位も大きく変動するウルトラトレイルでは、年によっては完走率が3割を切るような過酷なレースもあります。そのため、この一瞬に賭けるよりも、レース全体をいかに組み立てていくかのほうがずっと重要です。


悪天候のため距離が100キロに短縮されて開催された2012年のUTMBでは、あまりのハイペース展開についていけず、序盤は50位前後まで順位を落としましたが、攻めの気持ちで前年の優勝タイムを上回るペースで走り続けた結果、気づいたときにはトップ10の入賞圏内を走っていました。

一つのレースの中でもこれくらい起伏があるので、僕自身はレースの時間を自分の生きざまを表現する場だと思っています。これまで試してきたさまざまなトレーニングが、どこにどう生きてくるのか。自分の身体で実験してきた結果が、すべてその日に明らかになるわけで、レースは勝負であると同時に、自己を表現した作品でもあるのです。

「誰かのため」と「自分のため」を使い分ける

勝負の世界で生きるアスリートである以上、多くの人から注目されるのはありがたいことですし、「頑張ってください」と激励されるのはうれしいことです。しかし、2009年にプロトレイルランナーになってから「スポンサーの期待にこたえなきゃ」、テレビに出て知名度が上がって「応援してくれる人の期待にこたえなきゃ」という気持ちが強くなりました。過度のプレッシャーから精神のバランスを崩したこともあります。

海外レースに出発する前の壮行会で、「次は優勝ですね」「鏑木さんなら絶対できます」「待ってます」とみんなから口々に言われると、本当にありがたいと思う一方、すごく憂鬱でもあります。「どれだけ多くの人たちに夢を売らなければいけないんだ」とネガティブにとらえてしまうと、気持ちがどんどんマイナスになってしまうからです。

「誰々のために頑張らなきゃ」というプレッシャーは、スタートの号砲が鳴る瞬間まで、形を変えて何度でも襲いかかります。「応援してくれるあの人のために」「お世話になったあの人のために」「スポンサーのために」「テレビ番組をつくってくれる人のために」「サポートしてくれるスタッフのために」「支えてくれる家族のために」……、考えれば考えるほど、自分の肩に乗る人の数が増えていき、重圧でおかしくなってしまいそうです。

とくにひどかったのが2010年のUTMBの前です。前年のレースで左脚アキレス腱を痛め、ただでさえ不安を抱えていたところに、「去年あの走りで3位だったんだから今年は優勝だろ」「間違いないですよ」と、当たり前のように言われて、自分を見失っていました。

そんなとき、ある人から「いろいろなものを背負っているんだろうけど、まずは自分が楽しんできてください。それだけで十分です」と言われ、フッと肩の力が抜けました。憑き物が取れたようにスーッとラクになって、「誰かのために」走るのではない、「自分のために」走るんだ。自分のためなら、僕はどんなことでも我慢できる。そういうふうに頭を切り替えることができたのです。

みんなから期待されることは、意気に感じるし、モチベーションにもつながりますが、期待を全部背負ってしまうと、自分が潰れてしまう。「誰かのために」走るのではなく、最後は「自分のために」「自分自身が楽しむために」走る。そう思うと、急に身軽になって、いい状態でレース当日を迎えることができました（残念ながら、天候悪化のためにレースが途中で終わってしまって最後まで走り抜くことはできなかったのですが、それはまた別の話です）。

「自分のために」走るというのは、ある意味、自己満足の世界です。そこにいかにフォーカスできるか、わがままに徹しきれるかで、プレッシャーとの付き合い方が決まります。

オリンピックや世界選手権のような大きな大会では、「日本のために」を意識しすぎると、思うような結果が出ないのではないでしょうか。むしろ、自分が楽しむことを最優先に競技に臨んだ選手のほうが、結果を出しているのではないかと思います。少なくとも僕は、「自分のために」と思ったときのほうが心がラクになり、それが結果に直結します。レースでいい走りができれば、結果として、応援してくれた人たちも喜んでくれます。

「自分のために」走ったことが、回り回って「誰かのために」なるのです。この順番を間違えてはいけません。「誰かのために」走って、もし失敗したら、「その人のせい」にしてしまうかもしれないからです。

ただし、「自分のために」走ってうまくいくのは、レースの序盤までです。苦しく長い中盤を過ぎ、終盤になると意識も朦朧としてきて、極限状態に陥ります。そんなとき、「自分のために」と思っているだけでは乗り切れません。「自分のためなら、苦しいからやめよう」という方向に、考えが引っ張られてしまうからです。

本当に苦しくなったときは、むしろ誰かの支えが必要です。「日本で応援してくれている人たちのために」あきらめないし、「家族のために」ゴールまで頑張れる。**最後の最後は「誰かのために」と思えないと、自己満足だけでは、決して極限状態を乗り越えること**

はできません。

2016年に南米チリ、パタゴニアのウルトラ・フィオルドを走ったとき、最後は本当に苦しくて、家族が伴走しながら応援してくれる幻覚まで見ました。「娘のために」と思うと、耐えられる自分がいる。ここであきらめてしまったら、娘が大きくなったときに「あのとき、パパは止めちゃったんだ」と思われてしまうかもしれない。そんな姿は見せたくない。

お世話になった人たちの顔が浮かんでは消え、「こんなことじゃダメだ、ここで止まったらいけない」と自分に何度も何度も言い聞かせました。100キロを過ぎてからは、「もうやめたい」「すぐにでもリタイアしたい」と何百回も思います。それでもやめないのは、誰かが支えてくれるからです。

レース前は「自分のために」、終盤の苦しいときは「誰かのために」走る。途中で気持ちを切り替えて、自分を奮い立たせることが、最後まであきらめず、走り抜く力になるのです。

「ここで死んでもいい」という覚悟が力を生む

現地入りして、レースまであと数日というときには、高ぶった気持ちを抑えるために、心が落ち着く映画を見たり、歴史小説を読んだりして過ごします。

僕は司馬遼太郎が大好きで、月並みですが『竜馬がゆく』(全8巻、文春文庫、新装版1998年)や、幕末・長州の大村益次郎を描いた『花神《かしん》』(上中下巻、新潮文庫、新装版1976年)はもう何回も読んでいます。レース前に読むと、不思議と気持ちが落ち着くのです。

この二つのストーリーには共通点があって、底辺にいた人間が這い上がっていく過程を描いた物語で、最後にやっと花開いた直後に二人とも暗殺されて死んでしまうのです。人生を賭けて成し遂げた後、何の未練もなくパッと消えていくところに美学を感じるというか、そういう生き方に対するあこがれがすごくあります。

この二人の生きざまに、これからレースに臨む自分をなぞらえているのかもしれません。まもなく始まる本番に向けて、僕の気持ちは「もうこの先がない」「これで死んでもいい」と思い詰めてしまうくらい高ぶっています。決して悲壮感が漂っているわけではなく、自分にとって最高の舞台、人生の中の一大イベントがこれから始まるんだという期待感、最後まで走り切れるなら燃え尽きてもかまわないという覚悟が、怒涛のように押し寄せてきます。そのときの気分に、坂本龍馬と大村益次郎の生きざまがピタリと重なるのです。


「もう後がない」「ここで自分は死ぬんだ」という強い気持ちがないと、160キロものレースは戦えません。「ダメでもともと。失敗しても後があるよ」と軽い気持ちで臨んだら、最後まで完走することさえおぼつかないでしょう。

だからといって、暗くなってはいけません。悲壮感を持ってしまうと、「このレースではどんな景色に出会えるんだろう」「どんな自分に出会えるんだろう」というワクワク感が消えてしまうからです。**決して暗くならずに、前向きに死ぬこと。それが限界を超えて最後まで走り抜く力を生み出します。**

レースの終盤、身も心もボロボロになって、極限まで追い込まれたときの精神状態を表現するのに、「死ぬ」という言葉ほどしっくりくる言葉はありません。『あしたのジョー』の矢吹丈が最後に燃え尽きて灰のようになったのと同じく、ウルトラトレイルを走り抜いたら、いったん死んで葬式をあげる。これまでの一つひとつのトレーニングもそこで一緒に成仏させる。そうして1回リセットしてから、次のレースに向けて新たな人生を歩み始める。僕はそれを繰り返してきたのです。

ふだんの仕事で「ここで死んでもいい」と思えるくらい、気分が高揚することは少ないかもしれませんが、「いざとなったら、いつでも辞められる」という覚悟があれば、たいていのことはできます。「いつでも辞められる」からこそ、誰に対しても自分の意見をしっかり言い、上司や他部署、お客様と対等な関係を築くことができるのです。「この仕事をクビになったら後がない」と思っていると、相手に対してどうしても下手《したて》に出てしまいます。それでは、自分の力を発揮することはできません。

「この仕事をやり遂げたら、自分はこの部署・この会社を卒業してもいい」と思えるくらいの仕事と出会えたとしたら、それはとても幸せなことです。実際に卒業するかどうかは別として、全力で取り組んで、後悔しないようにしたいものです。

失敗してもいいから高い壁に挑む

新しい仕事にはチャレンジがつきものですが、高すぎる壁を前にすると、尻込みしてしまう人がいます。「自分には無理」とやる前からあきらめたり、「能力を超えている」と勝手に自分の上限を決めたりして、本気でそれに取り組まないとしたら、いつまでたっても自分の限界を超えることはできません。

自分にとって高いハードルに挑むときに大切なのは、「失敗してもいいんだ」と思うことです。これまでやったことのないチャレンジをするのですから、失敗するのはむしろ当たり前で、成功したら儲けもの、くらいの気持ちで取り組めば、やる前から怖気づくこともないはずです。「失敗してもいい」「命までとられることはない」と思えば、思いきり力を出すこともできます。

「うまくいかなかったらどうしよう」という不安は誰にでもあります。失敗したときの自分が真っ先に思い浮かぶから、なるべく失敗しないようにハードルを低く設定して、無難に飛び越えられるくらいの小さなチャレンジで満足してしまう。でも、それでは大きく飛躍することはできません。

イヤでも自分の限界と向き合わざるを得ないウルトラトレイルを何度も走破した僕でも、つねに自分にとってチャレンジングな目標を選べるかというと、決してそんなことはありません。弱い人間ですから、「これぐらいだったら、みんなも納得してくれるだろう」というラインをどこかで想定していて、実際にそれを選んでしまうこともあります。

しかし、そうやって妥協して低いハードルを設定して、実際にそれしか達成できなかった自分と向き合ったとき、「ああ、もっと高みを目指さないといけないな」といつも反省しています。自分に対してがっかりする気持ちもあるし、そもそも、すぐに実現できるようなチャレンジでは、ワクワクできないのです。

逆に、思い切って高いゴールを目指したときは、自分の能力がグーッと引き上げられて、それまでの限界を超えられた経験を何度もしてきています。**低い目標設定では絶対に出せない力が出せるので、できるだけ高い目標を設定する。**そのためには、やはり「失敗してもいいんだ」と思えることが大事なのです。

「失敗してもいいんだ」と思えば、気持ちがラクになって、できないはずのことができることもあるし、仮に失敗したとしても、チャレンジしなければ気づけなかった学びがあるはずです。その経験を生かして、もう一度同じ山にアタックすれば、次は成功するかもしれません。

山が高ければ一回ではクリアできないのは当然だし、頂上まで一直線で登っていけるとは限りません。上ったと思ったら少し下ったり、時には休んだりしながら、それでもあきらめずに高みを目指していれば、いつかは山頂にたどり着きます。

僕がＵＴＭＢに何度も挑戦しているのも、世界最高の舞台で1位になったら、どんな世界が見えるのだろうかと、それを考えただけでもワクワクするからです。

ＵＴＭＢで優勝することだけを思い描いて、２００9年に3位になります。でも、それは3位を目指していたから3位になれたわけではなくて、「優勝したい」「世界一になるんだ」と願い続けたからこそ3位という高みに到達できたわけです。そこに至るまでのプロセスも、こんなにおもしろいことはないというくらい充実していました。だからこそ、自分の限界を超えて力を発揮することができたのです。

つらい、苦しい状態をくぐり抜けた先に、新しい世界が待っています。そこにトレイルランニングのロマンがあるし、**苦しければ苦しいほど、それを乗り越えたときには、異次元の自分と出会える**のです。

高いハードルに挑戦して、自分の能力がアップデートされる経験を一度でも味わった人なら、壁が高いほどワクワクする気持ちがわかるのではないでしょうか。自分の潜在能力を引き出すために、みなさんにもぜひ、自分にはちょっと高すぎるのではないかと思うような壁に挑戦してほしいと思います。

あらゆる想定で入念にシミュレートする

実際に走るコースのイメージトレーニングは、かなり緻密にやっています。160キロの道のりでも、極端にいえば、100メートルごとに全部頭の中に入っているほどです。何度も走ったUTMBはもちろんですが、いまはグーグルアースで詳細な地形も見られるし、世界中のトレイルランナーがユーチューブに動画をアップしているから、コースの状況もわかります。GPS付きのランニング用アプリには、各種のデータが記録されているので、他のランナーの公開ログをトレースするだけでも、コースのイメージがつかめるのです。

2014年のハードロック100は、はじめてアメリカのレースで、ファーストアタックで見知らぬ山を走りました。そんなときでも、事前にグーグルで調べればかなりのことがわかるので、何メートル地点のあの起伏がこうなって、次のカーブでこう曲がって……といった情報をできるだけたくさんインプットして、本番前に頭の中で何度も試走を繰り返します。

山を走るので、標高や気温、気候の変化をつかんでおくことも必須です。また、どんな場面に遭遇しても大丈夫なように、ウェアリングや補給計画までシミュレートしておかなければいけません。丸1日以上山の中を走り続けるトレイルランニングでは、防寒対策をしっかりしておかないと低体温症で動けなくなったり、補給食を摂り続けないとハンガーノック（エネルギー切れ）で動けなくなったりするので、ただ走ればいいというわけではないのです。

どこにエイドステーション（補給ポイント）があって、そこで何を食べて、水分やエネルギージェルをどれだけ補給して、サポートスタッフにどこにいてもらって……といったことも全部頭に入れておいて、ありとあらゆる想定のもとに、何度もシミュレーションを繰り返すことが、きわめて重要になってきます。

それこそ、競技会場の雰囲気や、そこに行くまでの交通機関までイメージできるかどうか。本番でいかに想定外の事態を避けられるかが大切です。事前の緻密なシミュレーションは、やればやるほどよいと思います。

ただ、これは勝負どころのレースに臨むときの心構えであって、トレイルランニングには、まったく別の楽しみ方もあります。メインレースに向けた練習の一環、あるいはリフレッシュのために出場するようなショートレンジのレースでは、あえて事前にまったく下調べせずに現地に行って、オンサイトで、その日その場所でしか体験できない景色を楽しむということもあります。山を走る本来の喜びを感じるためです。

しかし、やはりここぞというレースのときは、もうこれ以上は入らないというくらい、いろいろな情報を溜め込んで、本番に臨んでいます。

大事なプレゼンの前に練習しない人はいません。名スピーカーとして知られたアップル創業者のスティーブ・ジョブズも、何度も練習し、細部まで計算しつくされたプレゼンで人々を魅了しました。そこまで才能のない僕たちが、事前に準備せずに、よい結果を残せるはずはありません。自分が納得するまでやることが肝心です。

緊張をリラックスに変える小さなコツ

いよいよレース当日です。本番に向けて、事前のシミュレーションもしっかりできて、気持ちもグッと盛り上がり、「これで死んでもいい」という覚悟も決まって、いざスタートラインに並ぶ瞬間に、緊張しているなと感じたら、僕はまわりの選手に話しかけるようにしています。

まわりにいるのは、ライバルというより、これから過酷なレースを一緒に走る仲間です。長丁場のレースなので、途中で会話を交わすこともあります。だから、緊張をほぐすためにも、自分から声をかける。片言の英語でもいい。話をすると、あんなに強そうに見えた外国人も同じ人間だとわかって、安心できるのです。

海外のレースに出ていると、ヨーロッパの選手たちの落ち着きぶりがよくわかります。

どこの国に行っても、どんな大舞台でも、まるで自分のホームタウンのように振る舞える。それは、ヨーロッパの国境が地続きで、多くの民族やカルチャーが隣り合わせで共存しているからだと思います。自分と異なるものを、柔軟に受け入れる姿勢が身についているのでしょう。

島国育ちの日本人はそうはいきません。日本を一歩出た瞬間から、全部アウェイです。言葉もよくわからないし、急に話しかけられると固く縮こまってしまう。ただでさえ不案内な土地で、言葉も通じない、知り合いもいないとなると、なかなかリラックスしてレース本番を迎えることはできません。

僕がまわりの選手にどんどん話しかけるのは、コミュニケーションには、アウェイの雰囲気をホームに変える力があるからです。レース前日のプレスカンファレンス（記者会見）にはトップ選手が集まるので、そこでも下手な英語でどんどん声をかけていきます。「調子はどう？」と聞けば、「絶好調！」と答える人もいれば、明らかに緊張している人もいます。そういうのを見ていると、同じ人間なんだなと共感できます。「どこで練習しているの？」「次はどのレースに出るの？」と情報交換することもできるし、「よい脚をしているね」と言うと、トレーニング方法を教えてくれるかもしれません。

ちょっとしたコミュニケーションをとるだけで、相手が得体の知れない生き物ではなく、自分と同じように緊張もするし、不安も抱えた人間だとわかります。話をする前は化け物のように見えた屈強な選手も、言葉を交わした瞬間、化けの皮がはがれて、同じ生身の人間に見えてくるのです。それだけで、かなり緊張がほぐれます。

外国人に囲まれると緊張してしまう人は、自分で想像力をふくらませて、勝手に壁をつくっているだけかもしれません。実は、気さくで話し好きの人が多いので、自分から挨拶してみたらいいと思います。たとえば、いつも強気な発言をしているように見えて、たいていハッタリをかましているだけということがわかるだけでも、ずいぶん気がラクになるのではないでしょうか。

逆に日本のレースに参加するときは、僕はまわりの人とはほとんどしゃべりません。ホームだから、あえてコミュニケーションしなくてもいいというのもありますが、しゃべると、相手に自分の力を持っていかれてしまうからでもあります。相手はそれを取り込みたくて話しかけてくるわけで、それを避けるために、スタートラインの最後列にあえて並んだりしていました。ただ、最近は日本では本気のレースを走っていないので、そういうときは、話しかけられたら気さくに答えるようにしています。

不安を本番前にどう割り切るか

レースに向けて、とんでもないレベルのトレーニングを重ねてようやく本番を迎えるので、つねに万全なコンディションでスタートラインに並べるわけではありません。むしろ、毎回一つや二つ、どこかに痛いところがあるのがいつもの状態です。

不安を抱えながらレースに臨むわけですが、ウルトラトレイルがすごいのは、100キロを過ぎると、身体中が悲鳴をあげて、全身が痛くなることです。だから、ふくらはぎが痛いとか、アキレス腱が不安とか、そういう些細なことは一切気にならなくなります。

練習中も「ここが痛い」「痛みが全然とれない」といつも愚痴を言っているのですが、

僕の妻は達観していて、「どうせレースでは泣くような思いをするのだから、別に痛くてもいいじゃない」とよく言われます。それを聞くと「そうだよな」と思えるから不思議です。

だから、**レース前に不安なところがあったとしても、「どうせ本番ではボロボロになるし、まあいいか」と考えると割り切れる**のです。

走り終えた後は、極限まで疲労が溜まっているはずなのに、全身が痛くて寝られません。身体中が熱を持ってしまってジンジンするし、頭にも脚にも心臓が組み込まれたみたいに、あちこちでドクドクドクドクと脈打っています。そのため、徹夜で走ってすでに1日以上寝ていないにもかかわらず、レース後も2日くらいは眠ることができません。

全身の痛みはその後も続きますが、時間がたつにつれてあちこちに組み込まれた心臓が一つ、また一つと消えていきます。10日ほどですべての痛みが引いた結果、最後に残るのが、レース前に故障していたところです。「ああ、そういえば、ここが痛かったんだよな」と、そこではじめて思い出す。それくらい過酷なレースなので、本番前の多少の故障はあまり気にならないということです。

故障よりも不安なのは、スタミナ切れや低体温症です。走りながら食べ続けないとすぐにエネルギー切れを起こしてストップしてしまうのに、集中して走っているときほど、ジェルを口にするのを忘れてしまいがちです。天候が悪化して吹雪になったり、夜間に急激に冷え込んだときは、急いで防寒対策をしないと、命にかかわるので注意しましょう。

つねに考えながら走る

—実力を出し切る方法—

第3章

自分と対話しながら走り続ける

「走っているときに何を考えているのですか？」と聞かれることも多いのですが、トレイルランニングでは、街中を走るのと違って次の瞬間に何が出てくるかわからないので、ボーッとしていることはまずありません。

足元がぬかるんでいるから、ここで力を入れたステップを踏んでしまうと、パワーロスになって後半失速するとか、さっきジェルを口にしてから何分たったかなとか、給水は大丈夫かなとか、つねに頭をフル回転させて、いろいろなことを考えながら走っています。

レース中は、事前に何回もシミュレートしてきているから、その確認作業が中心になります。新しく何かを考えるというよりは、「給水は？」「エネルギーは？」「ペースはOK？」「疲れ具合は？」「あのときはこうだったよな、それと比べるとまだイケそうだな」などと、つねに自分と対話しながら走っています。

練習で走っているときは、もっとリラックスしています。山の自然に囲まれていると、ロードを走っているときよりも、インスピレーションがわくようです。原稿を依頼されたときも、「そうだ、次はこんなことを書こう」と浮かんでくるのは、山を走っている最中だったりします。木々の合間から日差しが差し込んでくるように、新しいアイデアが降りてきたときは、立ち止まってスマホにメモを残したりしています。

山や森の中は、ふだん見ているのとは別世界の非日常的な空間なので、そこから受ける刺激も全然違います。よく見慣れた景色に囲まれていると、いくら考えても同じようなところをグルグル回るだけで、思考の飛躍は生まれにくいですが、自然の中に身を置くと、いつもの思考に風穴が空いて、そこからパッと新しいアイデアがわいてきます。

とくにペースを上げると、日常の些細なことはあまり気にならなくなるので、もっと大局的なこと、この先の人生をどう生きるかとか、自分はこうありたいよね、といったことが頭に浮かんできます。

だから、**何か壁にぶつかったり、つらいことがあったりしたときほど走るペースを上げて、嫌なこと、ネガティブな感情を追い払うことを意識的にやっています。ペースを切り替えると、思考もチェンジできるのです。**

街中を走っていると、実社会を連想させるものがたくさんあるので、どうしてもそこから離れられません。現実世界から切り離されるという意味では、ロードよりもトラックのほうが、大局的な思考に向いていると思います。トレイルやトラックなど、非日常的な空間に身を置いてペースを上げる。深く考えたいときは、意識してそれを実行しています。

街中でランニングをするときは、ヘッドホンで好きな音楽を聞きながら走る人も多いと思いますが、トレイルランニングでは、ヘッドホンの着用はおすすめしていません。

一つには、安全面に問題があるからです。天候の変化にいち早く気づくには、山頂付近でゴーッと風が鳴る音や遠くで鳴り響く雷の音に耳を澄ませる必要があります。崖を走るときは落石に注意が必要だし、森の中の誰もいないはずのところでガサガサと音がしたら、近くにクマやシカがいるかもしれません。自然の音は危険を察知するシグナルなので、その音を聞き漏らさないように神経を張り巡らせておくことが大事です。

それに、せっかく自然を相手にしたスポーツなので、風にそよぐ木々や鳥の鳴き声、小川のせせらぎ、虫の音を聞きながら、自然を丸ごと感じてほしいという想いもあります。

自然を満喫しながら、それを自分の力に変える。街中を走るのとはまったく違う体験がそこにはあるのです。

ロードを走っていると、景色はそんなに変わらないし、単調な作業の繰り返しになりがちです。ですから、気分を盛り上げるために音楽を聞くというのも一つの方法だと思いますが、トレイルを走るときは、足元の状況も刻々と変わり、景色もどんどん変化します。急な上り坂は歩くことが多いし、なだらかな下り坂は気持ちよく走れます。1キロ4分ペースで走れることもあれば、3点支持で岩山を登ることもあり、そんなときは1キロ20分かかったりします。

ペースは一定しないので、タイムよりも、心拍数がある数字を超えないようにするなど、身体にかかる負荷を一定にするように心がけるといいでしょう。

コントロールできない要素を受け入れる

トレイルランニングは自然を相手にしたスポーツなので、気象条件、天候の急激な変化、地形、コース設定など、どれをとっても自分の思い通りになりません。**自然はコントロールできないので、自分のほうを自然に合わせるしかないのです。事前に徹底的にシミュレートしておくのはそのためです。**

気温の変化やアップダウン、地面がぬかるんでいるとかドライだとか、急な上り坂で3点支持しなければいけない場所があるとか、細かく下調べしておいて、それに合わせて身体をつくり込んでおく。なるべく自然にフィットできるように、自分のほうを変えるイメージです。

「この走りしかできない」という頑固なスタイルは、たまたまコースにうまくハマれば、結果を出すことができるかもしれませんが、同じコースでも、今年の状態と来年の状態は全然違う。今年は暑かったけれど、来年は寒くなるかもしれません。

どんなタイプのレースでも結果を出せる選手は、そうした変化に自らをフィットさせるのが抜群にうまい。臨機応変に自分を変えるには、やはり事前の準備が何よりも大事となってきます。

「なんでこんなに天気が荒れ模様なんだ。雪が降るなんて……」と思った瞬間、負のスパイラルに入ってしまう。相手は自然なので、どんな状況になっても、すべて受け入れる。そういう心構えがなければ、アウトドアスポーツは楽しめません。

僕はどちらかというと暑いほうが得意ですが、2016年にパタゴニアのレースに出たときは、マイナス20度にもなる極寒の中を走り抜いて、2位でゴールしました。

自分には向いていないレースでしたが、寒くなることは事前にわかっていたので、寒い中を長時間走り続けると身体がどう変化するかを体感するために、厳冬期の富士山に登ってトレーニングしました。

自分に合う、合わないはあるけれども、たとえ合わないと思っても、出ると決めた以上は、レースに合わせて身体をつくり替える。コースは変えられなくても、自分は変えることができるからです。

気温が上がってきたときは、自分の得意分野に引き込むために「暑くなれ、もっと暑くなれ」と念じながら走っています。でも、気温が下がってきたからといって、自分にとって悪条件だとは思わないようにしています。

事前に、ふつうのコンディション、最高のコンディション、最悪のコンディションというように幅を持たせて、つねに何通りかのパターンをシミュレーションしながら練習を積み重ねてきているので、「あれだけ準備してきたんだから大丈夫」と自分に言い聞かせることができます。

たとえばヨーロッパアルプスは真夏でもよく吹雪になったりするので、猛吹雪のレースも想定して、雪の日も雨の日も前向きに取り組めるかどうか。晴れのときしか走らないという選手もいますが、そういう人は強くなれません。天気を変えることはできないし、自分の都合だけで日程を変えることもできない。すべてを受け入れる器の大きさが必要になるのです。

自分でコントロールできないのは、人間関係も同じです。上司でも部下でも取引先でもお客様でも、他人のことは変えられないので、相手に合わせて、自分のほうを変える必要があります。自分の「型」を決めてしまって、その「型」に当てはまらないからといって、「それは自分の仕事ではない」「自分の得意分野じゃない」と言い張っても、誰も聞いてくれません。我を押し通すだけでビジネスが成り立つなら、誰も苦労しないのです。

相手の様子に合わせて、その場で臨機応変に対応するためには、事前によく調べることです。相手の好みや傾向、パターンを押さえて、その人の要求にしっかり対応できるように準備しておく。自分の得意技を織り交ぜつつ、お得意様の好みを分析して、相手が喜ぶような提案内容を考える。仕事はその繰り返しなのです。

競争相手のことは忘れて自分に集中する

レースで戦う相手は、ライバルか、自分か、それとも自然環境か。

自然はコントロールできません。だから、戦って打ち勝つというよりも、受け入れるしかない。ライバルもコントロールできません。逆に、ライバルとの競争に勝たなきゃと思った瞬間に、自分のペースが乱れてしまう。これは大いにマイナスです。

１６０キロのウルトラトレイルは、１から１００まで全部自分に集中しなければゴールを成し遂げられない世界です。**誰かに勝とうとか、そういう余計なことを考えた瞬間、どこかで無理をする自分が出てきます。**そこで体力を消耗したり、心が疲れてしまうと、負の影響が出ます。経験的に、相手を意識したときは負けると僕は思っています。

だから、自分だけに集中して、自分の中で処理できることだけに特化する。でも、それは決してラクをするということではなくて、**持てる力を120%出すために、自分のことだけを考える。**それが僕には合っています。

なかには、「あいつにだけは絶対に負けない」と闘志をメラメラ燃やすことがモチベーションにつながる選手もいるかもしれませんが、僕は違います。レース直前やレース中は、相手のことは一切考えないようにしています。「あいつを倒してやる」「相手に打ち勝つ」というのはマイナスの感情なので、そこに気を取られないようにします。

エイドステーションでは、サポートしてくれる方から「1位は誰、2位は誰……、前は誰で、現在の差は10分」といった報告を受けますが、それは自分の位置を確認しているだけで、まわりを意識するためではありません。同じレースでも状況に応じていくらでもペースが変わってしまうので、いまの自分のポジションを他の選手と比べて、「この選手が10分前にいるということは、自分のペースは間違っていないんだな」「やっぱりこの暑さだから、みんなペースを落として走っているな」と確認しているわけです。ライバルを意識せず、自分にいかに集中できるかが重要です。

レース中に知り合いの選手と顔を合わせたときは、むしろ一声かけたりしてコミュニケーションをとるようにしています。競争相手というよりも、一緒に、この過酷なレースを戦う仲間という意識のほうが強いからです。

真夜中に暗闇を一人で走っているときに、前方を行く選手のヘッドライトがチラチラ見えたりすると、「あいつも頑張っているな。じゃあ、俺も頑張るか」と気持ちが盛り上がります。寒い中、「みんなも夜通し走っているんだな」と思うと、共同体意識が芽生えてきます。とにかく長い、壮大なレースなので、互いに足を引っ張り合うというよりも、みんなで一緒に乗り越えていくという感覚です。

もともと完走率の低いサバイバルレースなので、わざわざ相手を陥れたり、足を引っ張ったりしなくても、苦しさに耐えられなくなった選手は次々と脱落していきます。30番前後を走っていると思ったら、誰も抜いていないのに、いつのまにか10番になっていたということも実際にあります。

だから、相手のことをあれこれ考えるだけムダで、そんなことをしていると、かえって自分が自滅します。「5分前に誰々がいるから、ここでペースを上げなきゃ」と思った瞬間、自分のペースが乱れて自滅する経験を何度もしています。サバイバルレースでは、ライバルとの駆け引きよりも、自分に集中するほうがずっと大切なのです。

あらゆる欲望を総動員する

アスリートなら誰でも「もっと速くなりたい」「もっとうまくなりたい」「もっと技術を極めたい」「もっとスタミナがほしい」「もっと上のレベルに行きたい」という欲望を持っています。なかでも、トップ選手というのは、どこまでいっても満足しないで、つねに「もっと上」を追い求める気持ちが強い。「もっともっと」という飽くなき欲望がアスリートを駆り立て、誰も到達したことのない高みに連れていってくれます。

「欲望」を別の言葉で言い換えると「熱量」です。熱を持っていないと、ここぞというときに踏ん張れないし、自分の限界を超えられません。

いまの若い人は淡白な人が増えていると言われます。もちろん個人の生き方ですから、自由でよいと思うのですが、あっさり夢をあきらめてしまう人、そもそも夢を持っていないような人は、大きなことは成し遂げられないのではないかと思います。

僕はいつも熱を持った人と出会いたいと思っています。その人の熱が伝わり、僕自身が感化されるからです。たとえば、横浜FCの三浦知良さんは僕よりも歳上ですが、いまも現役で頑張っていらっしゃいます。スタジアムにゲームを見に行くと、ふだんとは違うエネルギーをもらえます。そういう熱をつねに受け取っていることが大事です。

逆に、熱を持たない人と接していると、自分の熱も失われてしまいます。向こうが透けて見えるような存在価値の薄い人と話しても、ほとんど得るものがないからです。

プロのトレイルランナーになる前の僕は、15年間、群馬県庁に勤めていました。役人の中にも、熱を持って仕事に取り組んでいる人もいますが、そうでない人もたくさんいます。そういう人たちに囲まれていると、自分のエネルギーまで削がれてしまうようで、それがすごく嫌だと感じることもありました。

「欲望」にもいろいろあって、「あの人に勝ちたい」「次こそ負けない」「上位争いをしたい」というのは、ライバルがいてはじめて成り立つ感情です。先ほど述べたように、レースで戦う相手は、他人でも自然でもなく、自分です。

コントロールできない部分を気にする余裕があったら、自分のことだけに集中して、自分の限界を突破する。ロングディスタンスのウルトラトレイルでは、自分に勝たなければ、最後まで走り抜くことさえできないのです。

レース本番では、相手のことは考えないようにしている僕も、本番に至るまでの準備期間では、あらゆる「欲望」を動員して、モチベーションを高めるようにしています。

人間は聖人君子ではないので、「高いビジョン」や「正しい目的」だけで、つねにモチベーションを維持できるわけではありません。毎日同じようなメニューをこなしていると、どうしてもマンネリ化して、気持ちがダレてしまいます。

そんなときは、「有名になりたい」「おいしいものが食べたい」「みんなからチヤホヤされたい」「お金がほしい」「レースを完走したい」「表彰台に上がりたい」「子どもと遊びたい」など、何でもいいから、自分をかき立てるスイッチをできるだけたくさん持っておく。俗っぽい話ですが、「女性にモテたい」という欲が自分の気持ちに火をつけてくれるなら、どんどんそのスイッチを利用すればいいのです。その中に、「あいつに勝ちたい」「あの人だけには負けたくない」というスイッチがあってもいいと思います。

ただし、こうした欲望のスイッチの賞味期限は限られています。一時的に気持ちを盛り上げることはできても、長続きはしません。「あいつに勝ちたい」「有名になりたい」「お金持ちになりたい」というだけでは、自分を真の高みに引き上げることはできません。それが可能になるのは、夢やビジョンがあるからです。

最後はやはり自分に勝つことが必要です。弱い自分、情けない自分、言い訳ばかりしている自分、格好よくない自分。そういう自分とも逃げずに向き合い、自分で自分を認めながらも、さらなる高みを目指すこと。

自分の限界を超える先に、結果がついてくるのです。

ゼロに落ち込んだモチベーションを立て直す

2012年のUTMBは悪天候のため、直前でコースが160キロから100キロに短縮されました。標高2500メートルを超える険しい山岳コースがトレードマークのUTMBが、頂上付近の吹雪のため、最高標高1800メートルでアップダウンのゆるやかな「里山レース」に変更されたのです。レース開始6時間前に宿舎でその知らせを聞いたとき、僕のモチベーションはゼロまで落ちました。一時は「もう出るのはやめよう」とまで真剣に考えたほどです。

このとき僕は43歳。体力的にも落ち目になってきていて、瞬発力やスピードでは若い選手にはかなわない。長年蓄えてきたスタミナが頼りなので、160キロという限界を超えた舞台でなければ輝けないということは、誰よりも自分がわかっていました。

コースが100キロに短縮されるとなると、フィジカル勝負になってしまう。160キロと100キロは、同じように見えて、実はまったく別の種目だというのが、160キロのウルトラトレイルを何度も経験してきた僕の実感です。マラソン選手がレース当日に1万メートルで競争しようと言われるようなもので、求められる能力が全然違うのです。

スピード自慢の若い選手は、「ラッキー！　これでおじさんたちを置き去りにできるな」

と思ったかもしれませんが、僕にしてみたら「無理！」というのが正直なところ。いくら自然相手のスポーツは自分ではコントロールできないといっても、競技そのものがまったく違う種目になってしまったら、対応のしようがありません。

「100キロは別のレースだよね」「鏑木毅もさすがにこの条件では厳しかったか」と、その場にいる人はわかってくれるかもしれませんが、記録に残るのは順位だけです。何年かすれば、「2012年のUTMBは○位だった」という事実だけが残り、成績が振るわなかったのはコースが短縮されたからだということは、誰も気にかけないでしょう。

年々衰える体力とうまく折り合いをつけることができず、「自分の競技人生をいつ終わらせようか」と思い悩んでいた当時の僕には、そのことも気になりました。引き際を意識していたからこそ、不当な評価を受けたくないという気持ちが強かったのです。

「もうやめよう」「出たくない」と何度も思いました。気分を紛らわせるために、ふらっと街中に出てみると、あちこちから「サインしてくれ」「写真を撮ってほしい」「頑張って」と声をかけられました。こんなに応援してくれる人がいるのに、自分勝手な想いだけでやめてもいいのかな、自分がここにいるのはいろいろな人の支えがあったからだし、その人たちの期待を簡単に裏切るわけにはいかないなと、だんだん思えるようになってきました。

もう一つ大きかったのは、レース主催者側の想いもわかるようになっていたことです。その年の春に、日本初の100マイルレース、富士山を1周するUTMF（ウルトラトレイル・マウントフジ）の第1回大会が開かれました。僕は実行委員長としてゼロから大会運営に関わりました。その苦労を知るだけに、どんな形であれ、選手にはレースに出てもらいたいという想いは、僕にもあります。

難易度の高さで知られるレースを短縮するというのは、主催者にとっても苦渋の決断です。しかし、選手の安全を考えたら、吹雪の中を何時間も走らせるわけにはいかない。難易度が下がったからといって、そのレースに出ないということは、ある意味、主催者を否定することにもなりかねません。

最終的に「やっぱり出よう」と決めたのは、レース開始の3時間ほど前のことです。そのわずかな時間で、いったんゼロまで下がったモチベーションをもう一度グワーッと上げて、スタートラインに立つことになりました。それだけではなく、自分には不利だと思った100キロのレースで10位に入り、表彰台に立つことができたのです。それは僕にとっても非常に得難い経験でした。

あのとき、不当に評価されるリスクを回避して、レースに出なかったら、短時間でモチベーションを立て直せるんだという自分への気づきもなかったでしょう。また、自分にとって苦手な100キロのフィジカル勝負でも、ギリギリ表彰台に滑り込むことができたという自信もつきました。自分より速い選手はたくさんいるはずなのに、あそこでモチベーションを立て直して、想い一つで結果を出せたということで、やはり気持ちが大切なんだとあらためて気づきました。

レースは予想通り序盤からハイペースで、僕自身も最初から飛ばしに飛ばして、ふだんよりもはるかに速いペースで走り続けました。160キロのレースでは、ゆったりとスタートして、半分を過ぎたあたりでエンジンをふかし、そこからみんなが苦しむ上りや、ラスト60キロの極限状態で先行する選手をどんどん抜いていくというのが本来の僕のスタイルですが、ゆるやかなコースでは抜きどころがほとんどないので、最初から飛ばすしかありません。そのペースで自分が最後までいけたことも新たな発見でした。

やるか、やらないかで迷ったとき、やったほうが結果的によかったという経験が僕の中には蓄積されています。だから、「どっちにしよう?」と迷ったときは、とにかくやってみることにしています。若いときにはわからなかったけれども、この歳になると、そういうことがわかってきます。**未知の状況にぶつかったとき、それまで培ってきたものが、いろいろ形をかえて、思わぬところで役に立つ。**想定外の高速レースで自分が結果を出せたのも、長いスパンの中で準備してきたものを生かすことができたからだと思います。

予期せぬアクシデントを乗り越える

2014年に出場したアメリカ・コロラド州のハードロックは、ロッキー山脈の160

キロの距離の行程の中で、4000メートル級のピークを10以上も走り抜ける、とんでもないレースです。トップ選手もふつうの選手も関係なく、抽選によって出場が決まるので、50歳になるまでに1回出られればいいなと思っていたら、運良くクジに当たったのです。

現地に着いて、レース前に試走したときに見えた景色は、子どものときに読んだ童話の絵本そのままの世界でした。レースというよりは、この地に来られた喜びで、あり得ないくらいテンションが上がりました。

アメリカのレースは一部の区間でペーサーがついて一緒に走ります。「自分は一人じゃない、よしここから巻き返すぞ」という気持ちで、4000メートルへの上りのパートをペーサーと一緒に快調に走っていたとき、事故は起きました。

突然上から石がガガガッと落ちてくる音がして、「落石だ!」と思った瞬間、とにかく頭だけは守ろう、崖下に落ちないようにしようと、その二つはなんとか実行できましたが、アゴにガーンと熱い鉄の棒が差し込まれたような痛みがすぐに襲ってきました。手で押さえたら血がドボドボと落ちてきたので、これは相当マズイことになったと思いました。

つらかったのは、大量に出血したことで、ヘモグロビン、つまり酸素を運搬する能力が一気に落ちてしまったこと。事故に遭ったところが標高3000メートルを超える地点だったので、ただでさえ息が苦しいのに、大切な血が失われてしまったことのショックが大きく、このまま走ってはたして大丈夫なのかという不安が一挙に襲ってきました。しかし、かなりの高所で引き返そうにも引き返せない状態だったのも事実です。

また、ハードロックは抽選制のレースで、ここでやめたら、次に出られるのがいつになるかわからないということも、頭をよぎりました。レース前の8カ月にもおよぶ練習のことを考えると、簡単にあきらめるわけにはいきません。

「だったら、行ってしまえ」ということで、「とりあえずドクターストップがかかるまではやってみよう」と思い直しました。ペーサーの助けを借りながら、とりあえず止血して、ファーストエイドキットで傷口をつなぎ合わせ、それでもポタポタ落ちる血を見るのはショックなので、バンダナでぐるぐる巻きにし、とにかくペースを落として酸素不足に陥らないように注意しながら歩き出しました。ちょっと歩いて様子を見て、大丈夫そうなら、少しペースを上げてみる。その繰り返しで、なんとかレースに復帰したのです。

事故に遭ったとき、頭が真っ白にならなかったのは、山を走るレースに出ている以上、いつかはこんな事故が起こるだろうと、心のどこかで準備していたところがあるからです。死と隣り合わせの状況になったとき、思考停止に陥るのが一番危険です。そういうときこそ、冷静に、できることを一つひとつこなしていく必要があります。

まずは傷口を押さえる、止血する、血を見ないように工夫する、ペースを落とす、様子を見ながら徐々にペースを上げる……といった具合に、一つひとつステップを踏んで、着実に前進する。それは、持って生まれた能力というよりは、経験に負うところが大きいと思います。

ふだんの練習でも、山を走っている最中に骨折したら這ってでも自力で降りてくるという覚悟をもって取り組んでいるので、落石事故もある意味、想定の範囲内の出来事です。「やっぱり起きたな」と思えたからこそ、冷静でいられたのかもしれません。

みなさんの中にも、会議の席で「○○さんはどう思う?」といきなり話題を振られて、頭が真っ白になってしまった経験のある人がいるかもしれません。真っ白になってしまうのは、自分が当てられるかもしれないという危機感がないからで、本来なら、いつでも意見を言うという意気込みで参加するのが望ましいわけです。それが心の準備です。

たとえ準備ができていなくても、パニックにならずに、一つひとつスモールステップに切り分けていけば、なんとかなるはずです。いきなり指名されても、「その件につきましては」と言って間《ま》を持たせつつ、頭の中を高速回転させて、なんとか話の糸口を探す。真っ白になったら終わりだということが経験的にわかっているので、真っ白にならないように、できることから取り掛かることが重要です。

想定内のリスクに備えておく

ウルトラトレイルは長いレースなので、エネルギーをつねに補給しておかないと、途中で燃料切れを起こして、身体が動かなくなってしまいます。基本は30分ごとにジェルを飲み、こまめに水分を補給する。走りに集中しているときほど飲み忘れるので注意が必要です。

ジェルに含まれる糖質は、体脂肪を燃やすためのマッチやライターの役割を果たします。ふだんのトレーニングで体脂肪が燃えやすい体質にしているものの、糖質がないと体脂肪が燃えないので、長距離を走るときは、糖質を摂り続けることが欠かせません。

しかし、レースに集中しているときほど摂り忘れてしまって、気づいたときには、視界が薄暗くなって力が抜けてしまう。これがハンガーノックで、昼間なのに夕暮れみたいになったときには、もうかなりヤバイ状態です。そこまで来たら、いったん立ち止まってしゃがみ込み、ジェルをしっかり飲み込んで、しばらく待ってからでないと、走ることも困難です。もちろん、そんなことをしていては、トップ争いはできません。

補給のタイミングは、30分ごとと決めておけばいいというわけでもなく、上りパートと下りパートでは使うエネルギーも違うので、急斜面を登るときは15分、20分で補給しないと、急に力が抜けてしまうこともあります。気づいてからでは遅いので、目に見えないエナジーメーターで測って、つねに一定レベル以上を保つことを意識しています。

それだけハイカロリーを摂り続けなければ完走できないので、トレイルランナーは胃が丈夫なことも武器になります。食べたものを消化するときは、胃に血液が集まります。ところが、走っているときは全身に血が行き渡るので、消化能力が極端に落ちます。そのため、レースを途中で棄権する人の中には、胃が負担に耐えられず、戻してしまう人も少なくありません。

食べたものを戻すということは、せっかく摂ったエネルギーが出ていってしまうわけで、燃料切れで続行不能になってしまうのです。幸い僕はもともと胃が強いタイプで、親からもらったありがたい能力だと思っています（ただ、さすがに歳をとるにつれて衰えてきたので、胃の強化が目下の課題の一つです）。

寒さも、山を走るトレイルランニングでは避けられないリスクの一つです。気温が下がったときに一番怖いのは低体温症ですが、頂上付近の上り坂でペースが落ちたときほど、体温が下がって低体温症にやられます。ウェアリングで肌が露出しているところをできるだけ隠し、血流が悪くなる指先などの末端ほど防寒対策を重点的にするのが基本ですが、それだけでは体温の低下を防げないので、極寒のときほど、意識的に身体を動かし続けることが必要になります。

もともと気温が低い高所では、ちょっとペースを落としただけですぐに体温が落ちてしまうので、急な上り坂も、少し無理をしてでもハイペースで登りきることが大事です。山ですから、ピークを超えれば、あとは下っていきます。標高が下がれば気温は上がるので、「この上りだけ乗り切れ」「なんとか逃げ切れ」と気合いを入れてペースを上げるわけです。

もちろん、上り坂でペースを上げたときは、しっかり補給しないとハンガーノックになってしまって二重に危険なので、ピークの手前になったらジェルをしっかり飲んで、ペースを上げて一気に峠を越える。危険な状態からはなるべく早く逃げるのが、理にかなっています。

中高年の登山で低体温症の危険が高いのは、雪が降ったり、気温が下がったりしたときほど、ペースダウンして、その場で休んでしまうからです。休んでいるうちにどんどん体温が下がって、いざ下山しようというときに身体が動かなくなってしまう。寒い山頂付近に長くいれば、それだけ危険が増すので、できるだけ早く「逃げ切る」ことが大切です。

暑さ対策としては、脱水防止のための水分補給と、日差しが直接肌に当たらないようにすること、身体を冷やすことの三つが基本です。

水分はこまめに摂ること。走っている最中に大量に水を飲んでも胃が受けつけないので、少しずつ口に含みます。

日差し除けでは、とくに後頭部に直射日光が当たらないように、キャップのつばや布などで隠すことと、サングラスで直射日光から目を守ることが重要です。

暑いレースでは、氷が用意されているエイドステーションも多いので、布に包んで首に巻いたり、脇の下やふくらはぎなどにあてがって、身体を冷やします。コース脇に川が流れていたら、そこにドボンと浸かってしまうのも手です。いったんクールダウンさせてから走り出したほうがいいわけです。


このように、あらかじめわかっているリスクに対処するときは、経験が物を言います。ロードしか走ったことのない人が、いきなりトレイルを走ると、やはり面食らうのではないでしょうか。仕事も同じで、**たいていのトラブルはすでに誰かが経験したはずのものなので、そうした経験を共有すれば、事前に対策を立てることができます。**突発的なアクシデントと違って、そうしたリスクはある程度コントロールできるのです。

走ってきた道を引き返す勇気

トレイルランニングは自然の中を走るので、道に迷う危険とはつねに隣り合わせです。レースのときは、コース上にマーキングテープなどで目印がついていますが、雨や雪が降ったり、暗闇の中を走っているときは、コースマーキングを見失うこともあります。

問題はそこからどう立て直すかで、コースロストすると、出てくるはずのコースマーキングがいつまでたっても出てこない。どの段階で「ん?」と思えるかです。優秀な選手は「ん?」と思ったら、サッと引き返します。その判断が早いから、傷を浅くとどめることができるのです。経験値の少ない選手ほど、引き返すまで時間がかかる。戻るほうが、先に進むよりも心理的な負担が大きいからです。

たとえば、下っている最中にコースロストに気づいたとしたら、上り返さなければいけない。ただでさえ体力的につらいのに、来た道を上り返せと言われたら、心が折れます。だから、「もうちょっと行けばコースマーキングが見つかるのでは」と希望的観測にすがって、引き返す決断がなかなかできないのです。

仕事でも、いったん走り出したら、そのまま走り続けたほうが、気持ちはラクです。「いまやっている仕事はリセットして、昨日の時点まで戻って全部やり直し」と言われたら、誰だって放り出したくなります。そんな指示は受け入れがたい。元に戻るというのは、それくらいハードルが高いことです。でも、だからこそ、**いざというときに引き返すという決断が早い人ほど、立ち直りも早くなる**のです。

2009年のUTMBで3位になったとき、実は、主催者側の誤誘導でコースロストして、30分から40分ほど時間をムダにしました。4番手くらいの好位置につけていたのに、コースロストで20番前後まで順位を落としたのです。でも、そのときは、「ここから新しいレースが始まるんだ！」と気持ちを完全にリセットして、再スタートを切ることができました。「ここからどれだけ順位を上げられるのか」と楽しみな気持ちもあって、最終的に3位になることができたわけです。いかに早い段階で気持ちをリセットできるかで、おのずと結果は違ってくると実感したレースでした。

道に迷ったときは、そのままダラダラと進まずに、迷う前の地点まで戻ること。とくに山では戻る勇気が大切です。

登山でも「どうやら道を間違えたようだ」ということは、みなさん、たいてい気づきます。でも、まず戻れる人が少ない。このまま下っていけば、いずれ大きな道にぶつかるはずだと思って、どんどん進んでしまう。そのうちどんどんドツボにハマって、やっぱり戻ろうと思ったときには、戻る道さえわからなくなって、最悪の場合、遭難です。

そこまでの何時間かの自分の努力が徒労に終わるというのは、やりきれないものです。でも、山では進む勇気よりも戻る勇気です。これもいい経験だと早め早めに気持ちをリセットして、わかる地点まで引き返してください。

ちなみに、主催者側のミスでコースロストした場合は別として、レースで道を間違えるのも、間違えずに正しいコースをたどるのも、実力のうちです。力のない選手ほど、余裕がないからコースロストしやすく、それを言い訳にします。しかし、トップ選手はまず間違えません。事前のシミュレーションもしっかりしているし、コースマーキングを確認しながら走ることも身についているので、ロストすること自体が稀なのです。

時には撤退を決断する

2014年にはハードロックに続いて、仏領レユニオン島の100マイルレース「グラン・レイド・レユニオン」に挑戦しました。アフリカのマダガスカル島の東800キロの位置に浮かぶ火山島で開催されるレースで、僕はその前年にも挑戦しましたが、補給のミスからハンガーノックに陥り、90キロ過ぎで途中棄権しています。リベンジのために、2年連続でインド洋の孤島を訪れたわけです。

スタートしてすぐに、いつもとは違う身体の重さを感じました。ただ、こういう状態でも、走っているうちに次第に回復することはよくあるので、どこかで流れが変わればいいなと思いながら走っていました。ところが、65キロを過ぎたあたりから、とにかく胸が苦しくて、動悸が激しくなりました。なんだかフワフワしてしまって、足に力が入りません。これまで生きてきてはじめての症状でした。

ハードロックの落石事故のときは、こうすれば何とかなるんじゃないかという道筋がパッと思い浮かんだのでレースを続行しました。出血して不安はあるけれども、これは対処できる種類のアクシデントだという直感が働いたのです。しかし、レユニオンのときは、不調の原因は心臓だという確信がありました。エイドステーションで日本にいる友人の医師に電話で相談して、不整脈のままレースを再開したら、間違いなく命にかかわるということがリアルに感じられたので、そこでレースをやめることにしたのです。

いくら冒険好きといっても、生きて帰ってくることが大前提です。途中で死んでしまったら元も子もありません。44歳ではじめて子どもが生まれて、せめて娘が物心つくまではちゃんと父親でありたいなという気持ちも正直ありました。それで弱くなったのか、強くなったのかわかりませんが、生きることへの執着は確実に強くなりました。

昔の僕だったら、もしかしたらレースを続行していたかもしれません。それによって命を危険にさらしたかもしれない。でも、いまの僕は、あのときの決断を後悔していません。娘ができて、撤退をすんなり受け入れやすくなった自分がいたということです。

2年連続リタイアという結果は、悔しいし、情けないし、なぜこんなことになったんだろうという疑問は残るものの、それを含めて、100マイルのレースは何もかも受け止めないといけないスポーツなのだとあらためて思います。勝ち負けとは関係なく、最後まで走り抜いて、レースをコンプリートさせるだけでも大変なことなのです。それが僕の選んだ世界です。

海外のレースは基本的に自己責任で、日本では安全性の問題から絶対コースにはできないような岩場を走ることもあります。実際、死亡事故も起きています。それでも、自ら望んでこのレースに出場したということで、撤退するかどうかもすべて自分で判断せざるを得ません。レースの前に誓約書を書かされるのは、「ここで命を落としても覚悟はできているよね」という問いかけでもあるわけです。

いま直面しているのは乗り越えられるアクシデントなのか、それとも乗り越えられないアクシデントなのか。それを判断する基準は、死のリアリティがどこまであるかです。

それまで積み重ねてきた練習のことを考えれば、撤退という決断は簡単ではありません。どんな形であっても、レースをコンプリートさせたい気持ちは強くある。

レユニオンのときも、「本当にここでやめていいのか」と何度も自問自答しました。2年連続完走できなかったら、自分の心が弱くなってしまうのではないかという恐怖心もありました。しかし、それでも、あのときは、やっぱり行くべきではないという判断をしたということです。

ビジョンを共有してチームで戦う

ウルトラトレイルでは、走っている間は孤独でも、レースを自分一人で戦えるわけではありません。エイドステーションで受けられるサポートは一人までと決まっています。サポートしてくれる人は、メーカーのスタッフであれば、仕事という部分もあれば、利害が絡むこともあります。でも、基本は信頼関係です。だから、僕は「自分はこうありたい」「この大会にはこういう気持ちで臨む」「このレースの位置づけはこうだ」「だから、こういう練習を積んできた」「ここではそれを試したい」ということを、行きの飛行機の中や現地の宿舎で、ことあるごとに口にして伝えています。

業務連絡として「エイドではこれとこれをしてほしい」と伝えるだけではなくて、コミュニケーションを通じて自分のビジョンを共有しておくと、そこには血が通った関係ができてきます。なぜそれが大切かといえば、**100キロを超えて自分の限界が近づいたとき、素《す》の自分を知っている人からは、意味のある言葉を投げかけてもらえるからです。**

死にそうな思いでエイドステーションまでたどり着いて、「もう無理。こんな状態でレースは続けられない。やめよう」と弱気になっているときに、「鏑木さんはこれだけの練習をやってきたんでしょ？　だったら大丈夫です。まだ頑張れます。次のステージに立ちましょうよ！」と声をかけてもらえば、どれだけ力が出ることか。

サポーターに求めているのは、シューズを脱がしてくれるとか、ジェルを補充してくれるとかいうことだけではなくて、やっぱり言葉なのです。「鏑木さん、よく頑張った。ここからですよ、ここから！」と言われれば、「そうだよな、何を弱気になっているんだ、俺は」と気合いが入る。とくに海外のレースは完全アウェイ状態なので、日本語で「ハッ！」と思わされるような言葉を投げかけられると、それだけで救われます。

ところが、サポーターとの関係が希薄だと、弱気になった僕を気遣って、「鏑木さん、もう十分頑張りましたよ」と言って、なぐさめてくれるかもしれない。でも、それは本来、僕が求めている言葉ではありません。ただでさえ弱気になっているときに、そんなことを言われたら、僕も「そうか、俺は頑張ったよな。もうやめてもいいかな」と同調してしまうかもしれないからです。それでは苦しいレースを最後まで走り切ることはできません。

どのエイドステーションで何を用意して、何をどれだけ補充してほしいということは、事前にパソコンで入力してすべて共有してあります。しかし、すべてを任せきりにするわけではなく、最後は自己責任を徹底しています。エイドを出るときは、必ず「水ＯＫ」、「ライトＯＫ」、「ジェルＯＫ」、「靴ＯＫ」と指差し確認しているのも、ワーッと声をかけあっているうちに、持ち忘れてジェルなしで一山越えることになってハンガーノック、という経験があるからです。

３０００メートル、４０００メートル級の山の途中で動けなくなったら、誰も助けに来てくれません。下手をすると、遭難の危険もあります。食料を積み忘れたまま出港して、大海原に出てしまったら、一巻の終わりです。だから、エイドを出る前は意識を集中して指差し確認します。サポーターは信頼しているし、いい関係を築くために努力もするけれども、走り出したら、頼れるのは自分だけ。最後は自己責任の世界です。

第4章

自分の限界を超える

―サバイバルレースを走り抜く方程式―

過去の自分を乗り越え、未来の自分を実現する

レース本番で戦う相手は、他の誰でもなく、自分です。まず何よりも自分に勝たなければ、過酷なサバイバルレースで勝利を手にすることはできません。

自分に勝つというときの「自分」には二つあります。一つは「過去の自分」、もう一つは「未来の自分」です。

「過去の自分に勝つ」というのは、いままでできたことをまずは超えたいということ。ウルトラトレイルは毎回限界を超えるチャレンジですから、過去に自分が到達した地点を乗り越えていかなければ、次のステージに行けません。前回の上限が１００だったとして、１００に到達する前の90や95であきらめるなんてもってのほか。**どんなに苦しくても、前**

回の100を超えるところまでは絶対にあきらめない。100に達する前にレースをやめてしまったら、過去の自分に負けたことになってしまうからです。

レースの後半、とくに100キロを超えてからは、意識も朦朧としてきて、「もうレースをやめようか」という想いが何度も脳裏をよぎります。そんなときは、「あのときは頑張れたのに、なんでいまはできないんだよ。そうじゃないだろ。いままでだってできたんだから、これもできるはずだ」と自分を鼓舞していく。前回、自らの限界に挑んで100まで来たなら、今度は100を超えて101、102と伸ばしていく。それが限界を超えるということです。

「未来の自分に勝つ」というのは、「もっと強くなれる」「もっと高みに昇っていける」という自分に対する飽くなき欲求です。次の自分、進化した自分を追い求めて、あるべき自分になるためには、いまここであきらめるわけにはいかない。こんなところでつまずいていたら、自分の理想とする姿には届かない。だから、頑張るわけです。

年齢を重ねれば、肉体的に衰えてくるのは避けられません。でも、何歳になっても、つねに自分は輝いていたい。そのためなら、これくらいの苦しさは我慢できる。未来の自分に勝つというのは、自分の理想から逆算して、いまの自分の立ち位置を再確認する作業です。

「いままでの自分」は過去の到達点で、「次の自分」は未来の到達点です。そのあいだに「いまの自分」がいます。過去を乗り越え、理想の未来を実現するために、いますべきことをする。

前回はあの頂《いただき》まで登り、次はさらに高い頂を目指すというときに、前回のピークに達する前にあきらめるなんて情けないし、さらに上を目指すためには、前回の高さ（前回の上限）を超えていかなければいけません。そうやって一歩一歩高みを目指して、自分の限界を押し広げていく。苦しくなったときこそ、僕はそうやって自分を乗り越えています。

自分の限界というのは、タイムや順位で測れるものではありません。トレイルランニングは、同じコースを走っても、去年と今年では全然違います。昨日と今日でも、天候も気温も変わってしまう。だから、あくまで自分の感覚です。

最後まで気持ちを切らさずに我慢できた。１００％を超えて、１１０％の力を出し切った。そういう感覚が得られるかどうかが大事です。それが得られなければ、もう次はない。

そういう意気込みで走っています。だから、一戦一戦が勝負なのです。

自分の感覚が大事なのは、他人を基準にしてしまうと、新しいチャレンジができなくなってしまうからです。

客観的に見れば、2009年のUTMB3位という記録が、僕のレース人生のピークに見えるかもしれない。それは僕にもわかります。でも、あれが最高と思ってしまうと、あとは落ちるだけになってしまう。そんな後ろ向きな気持ちでは、ウルトラトレイルを走り抜くことはできません。


毎回、最高の自分に出会うために、どんなに苦しくても死に物狂いで頑張っているわけです。そうでなければ、やっていられない。だから、**ベストレースは未来に待っているという考えで毎回挑んでいます。**

2009年のUTMBはたしかにいいレースでした。でも、それだけではありません。いまの僕には、当時の自分にはなかった経験があります。知恵もあります。別の価値観もあります。実現したい未来もあります。

「いままでの自分」も「いまの自分」も「次の自分」もすべて「自分から見た自分」です。

「他人から見える自分」ではありません。他人から見える自分は、自分ではコントロールできない。だからこそ、**「自分の感覚」に最後までこだわる**のです。

自分の限界を打ち破る

ジョギングを始めたばかりの人にとって、フルマラソンの42・195キロという距離は永遠に思えるかもしれませんが、実は、ほとんどの人は完走できます。

たとえば、抽選に通れば初心者でも参加できる東京マラソンの完走率は毎年95％を超えています。その延長で、100キロでも、訓練すれば多くの人が完走できます。フルマラソンの2倍以上の距離を走るなんて、想像がつかないという人も多いかもしれませんが、100キロマラソンの完走率はだいたい7割前後です。

しかし、ウルトラトレイルの160キロ（100マイル）は、自分の殻を破らないと完走できません。トップ選手でも20時間以上、一般のランナーは丸2日間も走りっぱなしです。

とくに最後の60キロを走っているときは、疲れがピークを通り越し、全身が熱を持って身体中が痛く、眠気で意識が朦朧としてきます。そんな極限状況に追い込まれるからこそ、自分も知らなかった底力が引き出されて、自分の殻を破ることができるのです。

それは、**限界までチャレンジした人だけがたどり着ける境地**です。ラクなことだけしていては、決して自分の限界を乗り越えることはできません。

160キロという距離では、フィジカルの限界を乗り越えるだけでなく、メンタル面でも限界をいかに突破するかが大きなテーマになります。ビジネスの世界でも、リストラや人員整理を伴う会社再生という修羅場をくぐらなければ、タフな経営者は育たないと言われますが、極限状況を経験しなければ鍛えられないメンタルというものがあるのです。

しかし、何の準備もなく、突然、苛酷な状況に放り込まれてしまうと、たいていの人はプレッシャーに耐えられず、心が折れてしまいます。だからこそ、第1章『イメージトレーニングで極限状態に慣れておく』でも述べたように、ふだんのトレーニングで限界を超えた状況に耐えられるような身体と心を鍛えておくのが、このスポーツの本質なのです。

科学的な知見に基づいて技術を磨き、ロジカルに考えて必要なトレーニングを積み上げながらも、自分で自分を限界まで追い込んでいく。

つらい状況を自らつくって、そこに思い切って飛び込むには、「自分はこうなりたい」という強烈なパッションが必要です。

冷静で合理的な思考はアスリートにとって大事な能力の一つですが、**最後の最後、自分の限界を突破するときは、理屈だけではダメで、耐える力、耐え抜く力が欠かせません。**

泣きたくなるような限界状況にぶつかっても、「これがふつうだ」「こんなのへっちゃらだ」と思えるためには、準備段階から限界に近いところまで負荷をかけて、メンタルを鍛えておかなければいけません。

そこまでやってはじめて、レースの終盤で「もうダメだ」「自分にはできない」と折れそうになる心を奮い立たせ、「自分ならできる」「まだまだ行ける」と自分自身に言い聞かせることができるのです。

限界の向こう側に生まれ変わった自分が待っている

160キロを走るという行為には、修験道の苦行にも似た面があります。

奈良県吉野の大峯《おおみね》山の往復48キロ、標高差1300メートルの山道を毎日16時間、1000日間にわたって歩き続ける大峯千日回峰行《せんにちかいほうぎょう》。9年間かけて歩く距離は地球1周を超える4万8000キロ。1300年の歴史の中で、達成者はわずか2人という想像を絶する荒行を成し遂げた大阿闍梨《だいあじゃり》の塩沼亮潤《りょうじゅん》さんのご著書『人生生涯　小僧のこころ』（致知出版社、2008年）を読みましたが、自分の限界に挑んで、それを乗り越えていくプロセスがよく似ていると感じます。僕には「悟りを開く」という大それた目的はありませんが、レースを終えると、自分のバージョンが明らかに変わっていることがわかります。

限界を超えた先に待っているのは、生まれ変わった自分です。これ以上、肉体をいじめ抜いたら死んでしまうのではないかというギリギリの状況をさまよって、そこから抜け出たときには、それまでとは違う自分になっています。その達成感、その感動を一度味わったら、忘れられるものではありません。生きている実感そのものです。

自分をとことん追い込んで、能力の限界に挑まなければ、どうしても乗り越えられない壁がある。**どんなに高い壁でも、頑張ってそれを乗り越えれば、いままでとは違う次元の人間になれる**のです。

これをそのまま仕事に当てはめると、ブラック労働のイメージを抱く人がいるかもしれません。どんなに頑張っても終わらない仕事量を押しつけられ、長時間会社に拘束され続けた結果、いつしか限界を超えてしまって過労死に至るという痛ましい事件が起きています。

だから、仕事に人生を賭けるなんてナンセンス、と考える人がいるのもわかります。そもそも働いた分に見合ったお金をもらえればいいのであって、仕事と人生はまったく別という考え方もあるでしょう。生き方は人それぞれですから、それはそれでかまわないと思います。

ただ、仕事を通じて成長したい、生きている意味を見つけたいという人は、いまの力でラクにできることだけをしていると、やがて伸びしろがなくなります。

ある程度負荷をかけて、自分の能力をストレッチしていかなければ、成長はできません。ましてや、**自分でも知らなかった自らの能力を引き出し、大きく飛躍するためには、意図的に自分の限界に挑戦することが必要なのです。**

イヤイヤやっている仕事が終わらず、毎日残業が続けば、苦痛以外の何物でもありません。でも、好きでやっている仕事は、何時間やっても苦にならないはずです。

誰かにやらされた仕事ではなく、自ら選んでやる仕事なら、そこから得られる学びの量も桁違い。寝食を忘れて、没頭できる仕事のある人は幸せです。好きでやっているだけなのに、ものすごい勢いで進化していきます。それは、ブラック労働ではなく、間違いなく天職です。

もちろん、没頭しすぎて身体を壊してしまっては元も子もないので、体調管理はお忘れなく。

自分を騙して心のブレーキを外す

肉体の限界を超えたチャレンジを続けていると、身体が拒否反応を示します。死がリアルに感じられる状況では、自己保存本能が働いて、脳が「もうやめろ」と命令を出してくる。それに逆らって足を動かし続けるには、自分で自分を騙すことが必要です。「やめろ」という脳の声を振り払い、「これは苦しいんじゃない。楽しい経験なんだ」と無理やり自分に思い込ませる。「もう無理だ」「これ以上は行けない」と音を上げる自分をいかに騙せるか。そこまでしないと、本能的にかかってしまう心のブレーキを外して、さらにアクセルを踏み込むことはできません。

100キロを超える頃には、身体中が悲鳴を上げ、全身に痛みが走ります。視界が暗くなって昼なのか夜なのかもわかりません。走馬灯のように、それまでの人生がよみがえります。死ぬ間際にそれまでの人生が脳裏を駆け巡ると言いますが、リアルに死を予感した脳が、最後のシグナルとして走馬灯を映し出しているのではないかと思います。そこまで肉体的にも精神的にも追い込まれているということです。

最後の章でくわしく述べますが、2017年の秋、僕は過去2度チャレンジして、2度とも途中棄権したグラン・レイド・レユニオンを走りました。「今度こそ絶対にリタイアはしない」と決めて粘り抜き、なんとか完走しましたが、このレースでも地獄の苦しみを味わいました。

年齢のせいか、自分の強みでもあったはずの胃腸のトラブルに見舞われ、100キロ地点のエイドでは、食べたものをすぐに戻してしまうほどでした。

想定したペースよりも大幅に遅れ、2日目の夜を迎えることになったとき、インド洋に浮かぶ夕日のあまりの美しさに、思わず「自分は日本からこの夕日を見るために来たんだ。見たからもうやめてもいいんだ」という思考にとらわれている自分に気づいたとき、どれだけ走るのをやめさせたいのかと思って空恐ろしさを感じました。このように、レースは自らの脳との戦いでもあるわけです。

しかし、ウルトラトレイルというスポーツの真にすごいところは、そこが第二の、そして真のスタートラインだということです。**極限まで追い込まれて、ようやく本当の意味でのスタートラインに立つことが許される。**ここまで来るだけでも死ぬほど苦しいのですが、それはすでに何度も経験したことです。だから、ある意味織り込み済みで、「また来たか」という感じです。

そこからどれだけ頑張れるか。このスタートラインにふたたび立てたことを意気に感じて、前向きに、ポジティブにとらえることができるか。それによって、最後の走りが変わってきます。

日常生活の中では、自分という人間を規定している枠組みが心のブレーキになります。ここからここまでは自分の領域だけど、ここから先は自分には関係ない。そう勝手に思い込んでいる境界線こそ、みなさんにとっての壁になります。

だから、時には、その枠組みを意図的に踏み外してみることです。ブレーキを外してみると、自分にはできないと思っていたことが、案外すんなりできたり、興味ないと思っていたことが、意外と好きだったりするものです。

自分はこういう人間だという思い込みをいったん脇におき、「これも自分なんだ」と自らを騙してみれば、いままで知らなかった新しい自分と出会えるかもしれません。

「誰かのため」だからこそ頑張れる

レースの終盤は、「もうやめたい」という自分と、「まだ行ける」という自分のせめぎ合いです。極度の疲労で意識が途切れがちになり、頭の中が朦朧としてきて、幻覚が見えることもあります。

第2章の『「誰かのため」と「自分のため」を使い分ける』でも述べましたが、2016年のパタゴニアのレースのときは、妻なのか娘なのか、斜め左側に誰かがずっと並走してくれている感覚がありました。

この状態まで来ると、「自分のため」というだけでは一歩も前に進めません。遠く離れた日本の地で、ネット中継で誰かが見ていてくれる。その人たちのためにあきらめない。見えない誰かの存在を意識できないと、心がもたないのです。

マラソンでは、沿道の声援から力をもらって頑張れたというランナーも多いでしょうが、山のレースではそれは期待できません。エイドステーションまでたどり着けば、みんなから声をかけてもらえますが、山の中を走っているときは、基本的に一人きりです。

そこで、**見えない応援団を頭の中で思い浮かべて、自分の心を奮い立たせるという想像力が必要になってきます。**

とくに夜の山道は危険です。真っ暗闇の誰もいない山の中を、自分のライトだけを頼りに走るのは、本当に孤独です。4000メートル級の山をウインドブレーカーを羽織っただけの軽装で、たった一人で黙々と走る。途中で道に迷えば、間違いなく遭難です。

しかも、前後に誰もいなければ、いったん休んでも、走るのをやめて歩いても、誰かが見ているわけではありません。だから、手を抜こうと思えば、いくらでも手を抜けるのです。「自分のため」だけなら、ここで足が止まってもおかしくありません。

でも、インターネットを通じて、鏑木毅の通過タイムをずっと見てくれている人がいます。いろいろな人が応援してくれている。その人たちのためにも、立ち止まるわけにはいかない。頭の中のその人たちが背中を押してくれるのです。

自分を応援してくれる人がいる。自分は決して一人ではない。その人たちの支えがあるから、最後まで頑張れる。**ボロボロの状態まで追い込まれたときこそ、「他人のために」力を振り絞ることが生命線となってきます。**

最後の頼みの綱は、家族です。早く娘に会いたい。会って抱きしめたいという想い。それがあれば、どんなに苦しくても、あきらめずに走り続けることができるでしょう。

「鏑木毅ならどうするか」を意識する

苦しいときほど、応援してくれる人たちを頭に思い浮かべて、それを力に変えていく。

それともう一つ、強く意識するようにしているのが、応援してくれる人たちに自分がどう見られたいか、です。

意識を失うほど苦しい局面では、「鏑木毅なら、ここは歩かない。走るはずだ」と自分で自分に言い聞かせる。すると、その意志に呼応して、動かなかったはずの身体がふたたび動き出すのです。

これは自分へのプライドです。これまでも何度も過酷なレースを生き残り、結果を出してきた「鏑木毅」という人間の像を、僕は僕の中で強固に形作っています。それは「他人からこう見られたい」という願望であると同時に、「自分はこうでなければならない」という強烈な自意識です。

「自分はこうでなければならない」という意識は、レース前はプレッシャーにもなりますが、レース中は自分を奮い立たせてくれます。「あのとき、あの極限状況の中でもゴールしただろ」「鏑木毅なら絶対にここでは歩かない」「いくら年齢が違うといっても、同じ人間なんだから絶対にできる」。そういう想いが、あと一歩の原動力になるのです。

第3章の『あらゆる欲望を総動員する』でも述べましたが、自分の気持ちを盛り上げてくれる「やる気スイッチ」はどこにあるかわかりません。だから、とにかくいろいろなスイッチを押してみる。レース終盤の本当に苦しいときは、「他人の応援スイッチ」と「家族スイッチ」、そして「鏑木毅なら歩かないスイッチ」が効くというのが、これまでの僕の経験から言える黄金の方程式です。

僕はプロのトレイルランナーですから、他人からどう見られているか、つねに意識しています。「どう見られているか」という受け身の意識だけではなく、「どう見られたいか」「どんなところを見てほしいか」というアピールポイントも、つねに考えています。それが「鏑木毅はこうでなければいけない」という自意識を形作っているのです。

自分が他人からどう見られているか、ふだんから意識しておくと、自分という人間を、一歩離れたところから客観的に見ることができます。メタ視点で自分のことを見られるようになると、自分の長所や弱点を冷静に分析して、次につなげることができます。

さらに一歩進んで、**どう見られたいか、どこを見てほしいかを意識すれば、ふだんの自分の行動も、他人との関わり方も違ってきます。**（自らが考える）クールな自分、熱い自分、器の大きい自分、力強い自分、何事にも動じない自分……、そういう人間だと相手に思ってほしければ、いつも気を抜かず、そのように演じ続けなければいけません。最初は演技かもしれませんが、こうありたいという自分に近づくための努力を怠らなければ、いつしかそれが自然な姿になるはずです。

たとえば、僕がマイナスなことを口にすると、傷ついてしまう人がいるかもしれない。だったら、そういう言葉は使うべきではないし、別の言い方をしたほうがいい。そう考え、ブログやフェイスブックで発信するときも、人前で話すときも、言葉を選んでいます。その積み重ねで、「鏑木毅はこういう人間だ」「鏑木毅ならこうするはずだ」というイメージを他人と共有できたらしめたものです。他の人たちはそのイメージに沿って期待してくれるし、僕はその期待を裏切らないように、誇りを持って目の前の課題に取り組めます。レース前にみんなの期待を意識しすぎると、過度なプレッシャーに潰されそうになりますが、レース中はみんなの期待を心の支えに、最後まで走り抜くことができるわけです。

僕は決して完璧な人間ではないので、つねにカッコイイ自分を演じ続けることはできません。そればっかりだと息苦しくなってしまうので、時には弱い自分をあえて見せることもあります。それも含めて、自分をどう見せたいかを意識しているということです。

会社名や部署名、肩書付きでしか呼ばれない人がいます。「A社の○○さん」「営業部の○○さん」「○○課長」という呼び方は便利な反面、社名や肩書に隠れて、個人が見えにくくなってしまいます。社名や肩書を外して、ただの「○○さん」と言ったときに、いったい何人の人が顔を思い浮かべてくれるか。

逆に、自分の言葉で意見を表明してきた人、「自分はこう見られたい」「自分のここを見てほしい」という気持ちが強かった人は、ただの「○○さん」でも、「ああ、あの人、知っているよ」と言ってもらえるはずです。それが、他人から見たあなたの本当の姿です。

そしてそれは、他人から見たあなた自身の評価でもあるのです。

一つのやり方にこだわらない

ウルトラトレイルにはタフなメンタル、折れない心が必要だというと、どんなに圧力を受けても決して曲がらない、鋼《はがね》のような心を思い浮かべる方が多いようです。でも、僕の持っているイメージは違います。

固くて頑丈な心は、一見強そうに見えるかもしれませんが、レース中はさまざまな葛藤が起こります。マイナスの感情もプラスの感情も、入れ替わり立ち替わり襲ってくるので、一つの心の持ち方だけでは対応しきれないのです。

時間の経過に応じて、いろいろなストレスがかかってくるので、その都度、柔軟に対応することが求められます。だから、絶対に負けないという鉄の心も、ストレスをうまく受け流すしなやかな心も、どちらも必要です。

しなやかな心で受け流しながらも、絶対に譲れない一線は、鉄の心でがっちりガードする。モチベーションを上げるためにいろいろなスイッチがあるように、最後まで走り続けるためには、いろいろな心の持ち方が必要なのです。

一つのやり方にこだわらないという意味では、**最後まで走り続けるために、僕は二つのイメージを併用しています。一つは「ゴールしたときの自分」、もう一つは「一歩一歩着実に前進する自分」です。**たとえばＵＴＭＢでモンブランを走るときは、ゴール地点のシャモニーのイメージをつねに持っています。最後の最後、シャモニーの街中で大歓声を受けながらゴールする自分を思い浮かべて、それを糧に走るわけです。

ところが、半分の80キロの時点でシャモニーを思い浮かべてしまうと、「まだ半分か。あと80キロもあるのか」と絶望します。すでに身体はボロボロなのに、「あと80キロも走らなければいけないのか」と思ってしまうと、身体が動かなくなる。そんなときこそ、目の前の一歩に集中するわけです。

どんなに苦しくても、一歩一歩前進していけば、必ず次のエイドステーションにたどり着きます。この一歩は、ただの一歩ではなく、確実に次のエイド、確実にゴールに近づくための力強い一歩です。その先にシャモニーが待っている。途中を端折っていきなりゴールまで飛んでいくことはできません。目標を細かく刻んで、いま自分にできることだけを淡々とこなす。それも一つのやり方です。

華やかなゴールをイメージすることと、地味だけど確かな手応えのある目の前の一歩に集中すること。どちらが欠けても、はるか先で待ち構えるゴールを切ることはできません。

ゴールまで残り数百メートルの街中で、沿道の観客のあたたかい拍手に笑顔で応えながら、最後の瞬間を心待ちにする自分。表彰台に立ってみんなから祝福を受ける自分。そういう自分を鮮やかに思い浮かべることができる人は強いです。でも、それだけでは、160キロを走り抜くことができない。つくづく難しい競技だと思います。

やり方を一つに決めないこと。これしかないと思い込まないこと。使えるものはすべて使うこと。一筋縄ではいかない仕事に取り組むときの姿勢と同じです。

第5章

結果を次につなげる

—本番後の学びと回復力—

真剣勝負を重ねれば心は筋肉のように磨き上げられる

山道を走るトレイルランニングというスポーツは、少しでもキツイと思ったら歩けばいいし、途中でどれだけ休憩を取っても自由なので、自分なりのペースで楽しむことができます。ただ、競技として、少しでも順位を上げたいと思って取り組む場合、フィジカルとメンタルの両方が揃わないと、思ったような結果が出ません。

では、心を鍛えるにはどうすればいいのでしょうか。

実は、**心も、筋肉のようにトレーニングを繰り返すことで強くなります。**徐々にトレーニングの強度を高めることで「耐える心」を育てることができますが、筋力や持久力、心肺能力と違って、メンタルに関しては、どれだけ力がついたか測定することができません。

筋力や持久力は、タイムやペース、心拍数など、各種のデータを測定することで、何%

アップしたか、さらに何%上げるためにどんなトレーニングが必要かということが、目に見えてわかります。だから、トレーニング計画を立てやすいのですが、メンタルについては、それができません。

僕の場合は毎日の練習ノートに心の状態もメモしていますが、それは数値で測れない部分を自分なりに「見える化」するためでもあります。

もう一つ、フィジカルと決定的に違うのは、メンタルの場合、練習で鍛えられる部分はごく一部で、どれだけ厳しいレースを経験してきたか、本番の場数が決定的に物を言うということです。

筋力や持久力は、ふだんのトレーニングで高めておかないと、本番で力を発揮することができません。時には、極限状況に追い込まれて、いわゆる「火事場の馬鹿力」が働くことがあるかもしれませんが、基本的に、本番でいきなり体力が増えることはありません。

しかし、**心を鍛えるには、真剣勝負の場が必要です。修羅場をくぐることでしか、自分の心をバージョンアップさせることはできません。**

企業でも、将来の幹部候補には、赤字事業部や子会社のリストラ、海外拠点の新規立ち上げなど、あえて困難な環境を経験させることが一般的になってきているそうです。かつては、経営者になるためのエリートコースというと、儲かっている中核事業で実績を積み重ねて、できるだけ傷をつけないように育てるのが主流でした。

しかし、右肩上がりの経済が終わり、リストラや事業再編、不祥事への対応が経営者の重要な仕事になってきたときに、温室育ちの経営者ではうまく舵取りできない。

そこで、いざというときに力を発揮するために、あえて修羅場をくぐらせるという発想は、役人時代に睡眠時間を削って働いていた僕にもよくわかります。

僕にとっての修羅場は、年に1、2回のウルトラディスタンスのレースです。長年レースに出続けたことで、いまの僕が耐えられる限界値は、10年前よりもずっと高くなっています。10年前の僕は、フィジカル的にはいまの僕よりも上ですが、メンタル的にはそこまで強くなかった。10年かけて心のキャパシティを広げてきたから、いまの僕はそれが耐えられるのです。

単純にメンタルがタフになったというだけでなく、ストレスの受け流し方やうまいかわし方も身につけてきました。そうした蓄積がない10年前の僕が、いまの僕と同じ状況に追い込まれたら、間違いなく、途中でギブアップしたでしょう。
毎回極限までトライして、修羅場をくぐり抜けてきたからこそ、レースが終わるたびに、自分がバージョンアップしたと感じられるのです。前回のレースでは自分の限界はこのあたりが天井と思っていたのに、今回走ってみたら、まだその先がある。それだけでも驚きなのに、次のレースでは、さらにその先があるのがわかります。

心というのは、自分が勝手に設定していた枠を軽く超えて、どこまでも広がっていきます。だから、やる気さえあれば、際限なく鍛えることができるのです。

自分から修羅場に飛び込む

心を鍛えるというと、ストレスを一身に受けても耐え抜き、どんな状況にも動じない鋼のような心を持つことだと思っている人が多いかもしれませんが、僕のイメージは違います。限界を超えた挑戦が、人間を新しく生まれ変わらせるのです。

修羅場をくぐり抜けた人だけが見える世界があります。視野がパッと開け、そこには、それまでとはまったく違う地平が広がっているはずです。まさに、人間のバージョンがアップしたわけです。

修羅場はできるだけ避けたいというのは、自然な感情です。でも、修羅場をくぐることで、何度も生まれ変わってきたという実感がある僕は、むしろ修羅場を歓迎する気持ちがあります。この歳になって修羅場を経験できるなんて、むしろラッキーなんじゃないか。いまはそう思えるようになりました。

そして、**「これはチャンスなんじゃないか」と思っただけで、修羅場の乗り越え方も全然違ってきます。先が見通せずに不安というよりも、自分の次のステップにつながるのではないかという期待感がどこかにあります。**

トラブルがあったときほど、それまでどこか疎遠だった人間関係が、この状況を乗り切るために一致団結したり、停滞していた雰囲気にいきなり喝《かつ》が入って、一気に局面が打開されたりするものです。

2012年から始まったUTMFは毎年春に開催していましたが、2015年シーズンから秋開催に変わりました。ところが、2015、2016年と立て続けに雨に見舞われ、とくに2016年は160キロを超えるコースを49キロに短縮するなど、大きな影響が出ました。実行委員長として大会の運営に奔走していた僕にとっても苦渋の決断でしたし、世界中から集まってくれた選手たちに対して申し訳ない気持ちでいっぱいでした。

しかしその一方で、「これは大会方式を見直すチャンスかもしれない」と前向きにとらえる自分もいました。結果的に、2018年の大会は春に開催することになりました。

トラブルの当事者にとっては苦しいことだし、修羅場なんて経験しないほうがいいという気持ちもわかりますが、そういう状況を楽しむことができれば、自分の成長につながります。

逆に、**修羅場を避けて逃げ回ってしまうと、メンタルを鍛えるチャンスを失います。**それはもったいない。修羅場はどんどんくぐるべきというのが、いまの僕の素直な気持ちです。

落ち込んだら すぐに頭を切り替える

過酷なレースを何度もくぐり抜けてきた僕を見て、さぞかしタフな人間なんだろうと誤解される人が多いようです。でも、僕はもともと弱い人間で、グズグズ引きずるタイプです。いつも後悔ばかりしています。

ただ、長年の鍛錬の中でわかってきたことがあります。**失敗して、どんなに落ち込んだときでも、ずっと落ちっぱなしはない**ということです。

その瞬間はお先真っ暗に見えても、必ずどこかに出口があって、そこから光が差し込んでいる。下まで落ち切ったら、あとは上るだけです。

人生というのは、ずっと平坦な一本道ではありません。つねにアップダウンを繰り返しながら、それでも、ゆるやかに上っていく。経験上、僕の人生はそういう曲線になっているので、いまは底辺に落ち込んでいるかもしれないけれど、それは次に上っていくために力を溜め込む時期だからで、そのうち必ず上がります。そうなるのはわかっているので、落ち込んでいる期間をどれだけ短くできるか、落ち込む深さを最小限で食い止めて、できるだけ早く上昇に転じられるように意識しています。

どんなに大きな失敗をしても、ずっと落ち込んだままということはないので、「絶対になんとかなる」と思って開き直る。いつまでもグズグズしていても状況は変わらないので、それならなるべく明るく、楽しく、前向きにやっていきたい。どうせいつかは上昇に転じるので、暗い時間はなるべく短くして、とっとと頭を切り替えたほうがいいと思います。

頭を切り替えるときは、まず寝ること。寝たらだいぶラクになるし、気持ちがリセットされます。また、**ストレスを感じた事象とは反対のことをやる**ようにしています。たとえば、山を走ることでストレスを感じたら、海に行く。山を見るだけで嫌になるときが、僕にもあります。そんなときは海に行って、山を忘れるのです。人間関係にストレスを感じたら、今度は誰もいない山に行く。海外遠征に疲れたら、日本に戻る。そうやって反対の環境に身を置くことで、嫌なことを忘れるようにしています。

いくら僕が山好きだといっても、ずっと山にいたいわけではありません。ふだんは都会にいるからこそ、山の楽しさ、自然のありがたみを感じられるという面もあるわけです。

トレイルランニングには、日常生活とは切り離された山という環境に身を置くことで、ストレスから解放されるという効用がもともとあります。毎日電車に揺られて通勤しているのに、休みの日まで朝早くから電車に乗って山を目指すというと、面倒くさいと思うかもしれませんが、実際に行ってみれば、そこにはまったく違う世界が開けていて、一歩一歩踏みしめるたびにストレスが消えていくのがわかるはずです。

トレイルランニングには興味があるけれど、なかなか山に行くまでは時間が取れないというランナーには、「なるべくコースを変えてください」と話しています。いつも同じ公園のコースをグルグル走っていると、それ自体が日常になってしまって、せっかく走ってもストレス解消につながりにくくなるからです。

冬でも小春日和のポカポカ陽気の日には、のどかな景色が見えるところを走ってみようとか、春先には野花が咲く小道を探してみようとか、いろいろ選択肢を持っておいて、その都度変えていくと気分転換になります。

走りながら、周囲の景色をよく見ることもおすすめです。こんなところに新しい店ができたんだとか、この店のディスプレイはおしゃれだなとか、そういうちょっとしたことを発見するだけでも気は紛れます。ランニングの楽しみ方はいろいろあるのです。

何かつらいことがあったときに、ネガティブにとらえると、負のエネルギーが出てきてしまって、どんどん悪い展開になっていく。それは、走っているときだけではなく、人生においても当てはまります。

役人時代の最後の2年間は、全国的な花の博覧会の準備に奔走しました。皇族の方もいらっしゃる大きな博覧会なので何かあったら大変ということで、半端ではないプレッシャーを感じ、業務量も膨大で、毎日午前様は当たり前。文字通り不眠不休で働き続けました。

しかし、2007年にはじめてUTMBを経験した僕は、一刻も早く世界の舞台に立ちたい。そのためにもっともっと練習したい。もう30代後半だし、限られた時間で正直こんなことをやっている場合じゃないと苛立っていました。

ところが、ある日突然、これは実はすごくいい経験をしているのではないかと思い至ったのです。博覧会の準備がどんなに大変でも、開催時期が過ぎれば終わるわけで、ゴールはすでに見えています。

しかも、前年にはじめて走ったＵＴＭＢは、不眠不休の極限の疲労状態の中で行われるレースなので、いま極度のストレスと疲労の中で連日働いているのは、まさに仮想ウルトラトレイルの状況ではないか。眠さをこらえて残業して、仕事が終わってから深夜に階段の昇り降りで身体を追い込んでいるのは、ＵＴＭＢのトレーニングとして最適なのではないかと、自分の都合のいいように解釈したわけです、

もちろん、そう思わないとやりきれないような状況だったからですが、強引にそう思い込んだことで、ポジティブにとらえ直すことに成功したのは事実です。

嫌なことほど、自分にとってどんなメリットがあるだろうと考えるようにしています。

これをすると実はこんなことにつながる、こういう能力を鍛えることになる。寝られないのはつらいけど、どうせ本番も寝られないから、いまのうちに慣れておこう。そう頭を切り替えて、つねにポジティブにとらえていけば、そのうち気持ちも上がってきます。

負の感情を前向きのエネルギーに転化する

勝負に負ければ誰だって悔しい。自分が思った通りのレースができなければ、「ああすればよかった」「こうすればうまくいったかも」と後悔の念ばかりが浮かびます。

でも、いつまでもクヨクヨしているくらいなら、その悔しさを前向きのエネルギーに転化したい。そういう思考回路に変わってきました。

そのコツは、**決して「誰かを恨まない」こと**。誰かのせいにしても何も変わりません。他人は変えられないし、過去の出来事をなかったことにはできません。**変えられるのは自分だけですから、そこに意識を集中すること**です。

「誰かを恨む」というエネルギーは、どこか歪んでいるし、どんどん気持ちがささくれだって、かえってよくない流れをつくります。だから、悔しいという気持ちから純粋なエネルギーだけを取り出して、それを次につなげることが大切です。

僕の人生は挫折と悔しさの連続です。いじめられたこともあります。ひどい言葉を投げつけられて憤慨したことも、一度や二度ではありません。これだけ生きていれば、「こいつだけは許せない」という人間も正直いました。

しかし、相手のことを「許せない」と思えば思うほど、大量のエネルギーを使います。恨むだけでも相当なエネルギーがいるのに、負の感情がどんどん大きくなって、やがて相手の足を引っ張りたい、相手を貶めたいという、さらに邪悪な感情に火が着きます。

こうした負のエネルギーは相手に向かって出ていってしまうので、自分のためには使えません。

そもそも「許せない」と思うような相手のために、自分の貴重なエネルギーを消費することはありません。だから、**悔しさからプラスのエネルギーだけを取り出して、自分の中にギューッと圧縮して溜め込んでおく。特定の誰かとは切り離して、悔しかったという思いだけを忘れずに覚えておく。**

そうすれば、その悔しさが大きい分だけ、自分を燃やすエネルギーとして使うことができます。悔しかったら、自分の実力を上げるしかないのです。

どれだけ負のエネルギーを燃やしても、自分の実力は上がりません。あなたが誰かを恨んでいるうちに、世の中はどんどん変化します。その間に、ライバルたちは実力を上げているかもしれません。そう考えると、自分の狭い世界の中だけで、復讐劇をやっている場合ではありません。

負けて悔しいときも、「次はリベンジしたい」という気持ちをプラスのエネルギーに転化して、決して相手を追い落とす方向に向けない。エネルギーは自分のために燃やすのです。

だから、誰かに何か嫌なことをされたときは、悔しいというエネルギーだけを受け取って、そのエネルギーを燃やして自分はもっと高みを目指します。嫌味を言われてイラッとしても、「その言葉が自分の力になる」と思えば、むしろ「オッケー、もっと言っていいよ」と気がラクになるので、おすすめです。

最近では「鏑木毅はもう終わった」「もう無理でしょ」と言ってくれる人たちに対して、レースを終えたあと感謝の気持ちさえ持てるようになりました。その人たちが刺激をくれなければ、自分もここまで頑張れなかったと思うからです。

悔しさを溜め込み、マグマのように燃やし続ける

悔しさをプラスのエネルギーに転化するというのは、忘れることとは違います。気持ちを切り替えることは「リセットする」と言われますが、ここではむしろ、悔しさを忘れず、悔しいというエネルギーを体内に溜め込むことで、人生を切り開く力にしようということを意味しています。「転んでもただでは起きないぞ」ということです。

リセットすると気分転換になるかもしれませんが、メンタルを鍛えることにはなりません。**折れない心は、挫折して味わった悔しさを深く心に刻み込み、いつまでも忘れないからこそ育まれるものです。**

相手が誰だったとか、どんなことをされたとか、具体的な事象は忘れてもかまいません。

でも、僕は小さい頃から受けてきた心の傷をすべて自分が前に進む力に変えようと思って生きてきました。傷を受けたことさえ忘れろというのは無理です。

おとなしい性格だったこともあって、いじめられても相手にやり返すことができなかった。やられっぱなしでいないためには、受けた傷を自分のエネルギーに変えるしかありません。そう思えた瞬間に、ふっと気持ちがラクになる自分がいました。

悔しかったこと、つらかったことをいつまでも覚えているのはストレスです。だから、表面的には忘れてもかまいません。でも、根っこの部分はしっかり心の中に溜め込んで、マグマのように燃やし続ける。

執念深いと言われるかもしれませんが、**悔しさをいつまでも忘れないからこそ、レースで極限状態まで追い込まれたときに、その悔しさがエネルギー源となって最後の力を振り絞ることができるのです。**

しかし、それだけ執念深く溜め込んでいても、誰かを恨んでいるとか、こいつだけは許せないという気持ちはまったくありません。その部分は完全に手放すことができています。マグマに溜まっているのは、純粋にエネルギーだけです。

自分のミスで、あるいは不慮の事故や病気で、夢がかなわなかったときも、悔しさが募ります。その悔しさもエネルギーに変えて、忘れずに閉じ込めておきます。どんどん圧縮して溜め込んでいるから、熱を帯びて、それが化学変化を起こし、いざというときにドカーンと爆発させるのです。

マグマ溜まりに溜まったエネルギーは、ふだんは心の奥底に閉じ込めてあります。でも、100キロを過ぎて、心身ともにボロボロになり、生命に危険信号が灯ったとき、溜まりに溜まったエネルギーが一気に解放されて、最後まで走り抜く力になってくれます。

それがわかったのは、トレイルランニングを始めてからです。それまでは、どこでどう使えるのかわからないまま、ただひたすら悔しさを忘れないようにしていました。

レースで燃料切れを起こしそうになったときに、内なる心に火が着いてはじめて、自分はこんなにエネルギーを溜め込んでいたんだなとわかったくらいです。

ウルトラトレイルは、最後の最後は心の世界なので、いかに自分の心を鍛えて、強いエネルギーを持ち続けられるかが勝負です。僕の場合は、子供の頃から挫折の連続で、悔しさをたくさん溜め込んでいた。それがいま、レースで生きているのです。

敗北感が人を育てる

僕の人生は挫折の連続です。『極限のトレイルラン　アルプス激走100マイル』（新潮文庫、2015年）にも書きましたが、保育園から小学校低学年時代まではいじめを受けていました。それが僕の挫折人生の始まりです。

二つめの挫折が、高校時代に陸上競技部で走っていたときに出た坐骨神経痛です。長距離走というやっと見つけた自分のフィールドで、高校3年間をほぼふいにしてしまったつらい経験です。

三つめの挫折が、箱根駅伝にあこがれて2年浪人してまで早稲田大学に入学し、やっとのことで競走部に入って、あともう少しで箱根駅伝に出られるかもしれないというときに、坐骨神経痛が再発したことです。失意の僕は、競走部に籍を置いたままではいられませんでした。当時の自分にとっては人生観が変わるくらいの重い出来事で、あれがなければ、僕の人生は、良くも悪くも、まったく違ったものになっていたはずです。

一般の人から見ると、箱根駅伝の選手というだけでもすごいと思われるかもしれませんが、実際に競技に関わっている当人たちにすれば、10人いてもレベルが全然違うことはわかっています。僕は腰を痛めなかったとしても、4年間で1回、ギリギリ10番に潜り込めたかどうか。最長区間の「花の2区」を走るようなエリート選手とは見ている世界がまったく違いました。

しかも、僕がいたのは早稲田がまだ弱かった頃の話で、いまのように全国から優秀な選手がスポーツ推薦で集まってくるような環境では、僕のレベルでは、箸にも棒にもかからなかったはずです。

長距離ランナーとしては、間違いなく三流でした。決してエリートランナーではなかった僕にとって、箱根駅伝がすべてでした。一度でいいからあの舞台で走ることができていたら、たぶんもう走ることに執着していなかったでしょう。

それだけに、箱根に出る道を絶たれてしまったことがショックだったのです。二浪もして、親にも申し訳ないという気持ちもありました。

青春すべてを賭けてきた目標が突然なくなってしまったのですから、すごく落ち込みました。自暴自棄になり、役所に就職してもどこか上の空で、自分はどうしたいのか、何になりたいのかというビジョンも何も浮かびませんでした。

毎日役所の席に座っていても、どうしてもモチベーションが上がらない。自分はなんでここにいるのかな、ここに座るための人生だったのかなと思って、すべてが投げやりになっていました。昔の不良のように不貞腐れ、朝まで酒を飲んで、カラオケで騒いだりしていました。

体重もいまよりも20キロ以上重く、だらしない身体つきになりました。土曜日の朝、外で酔っ払って寝ていた僕を見た子どもに、「なんか変なおじさんが倒れている」と言われたときは、落ちるところまで落ちたなと思いました。

ただ、心のどこかでずっと、この状態はよくない、ここから逃れたいと思っていました。いまは腐っているけれども、人生をあきらめていたわけではなかった。**自分の人生はいつかきっと輝くんだという漠然とした信念を、子どもの頃からずっと持っていた**のです。

ある日、地元紙の朝刊を何気なく眺めていた僕の目に、山道を10キロのおもり入りリュックを背負って走り抜けるランナーの写真が飛び込んできました。群馬県の上州武尊山を舞台にした山田昇記念杯登山競争大会。その写真を見た瞬間、僕の心が騒ぎ出しました。

このレースに出てみたい。このレースに出れば人生が変わるかもしれない。1年後の1997年に初参加したその大会で、僕は優勝します。以来、トレイルランニングの虜になっています。

あの朝、山岳ランナーの写真を見たのは偶然だったのか。僕はそうは思いません。ただ単にラッキーだったからではなく、まだ何かはわからないけれど、自分を奮い立たせてくれる何かを欲していたから、あの写真に気づくことができた。たまたまその場に居合わせることができたのは、偶然のようで、偶然ではないと感じています。

いまは落ち込んでいるかもしれないけれど、あきらめずに、いつかはここから出ていくんだ、もう一度浮上してやるんだと思い続ける。そういう想いを持っていれば、神様なのかどうかはわからないけれど、誰かがきっと手を差し伸べてくれます。

もし僕が完全に人生をあきらめてしまっていたら、あの写真を見てもスルーしていたと思います。目の前に落ちているチャンスを自分のものにできる人は、しっかり準備できている人だけなのです。

明日はきっとよくなる
―心の中の原風景―

僕がこれまで決して順風満帆とは言えない人生を乗り越えてこられたのは、未来はきっと明るいというぼんやりとした信念があるからです。そんなとき、思い浮かんでくるのは、幼いときに部屋の窓から見た赤城山の頂の先の青い空です。どんなに苦しいときでも、この空のことを思うと、自分はどこまでも上っていける、あの高みに近づくことができると信じることができるのです。

僕は群馬県の赤城山の麓にある農家に生まれました。両親は農作業で忙しかったので、幼かった僕は祖父に育てられたおじいちゃん子でした。僕を肩車した祖父は、目の前に広がる赤城山を見上げながら、「毅、あの先に行けば、いろんな世界を見れるんだから、お前も将来そんなふうになれ」というようなことをよく言っていた気がします。

「赤城山、今日は雪降ったな」「赤城山が少し緑になってきたな」「赤城山が紅葉してきたな」、祖父は来る日も来る日も、朝昼晩と、赤城山を見上げて話しかけてきます。そのたびに、僕も赤城山を見上げてきました。

僕は決して強い子ではありませんでした。いじめられっ子だったこともあって、保育園に行くのも小学校に行くのも「嫌だ」と駄々をこねて、ずる休みしたこともあります。そんなとき、祖父は「じゃあ、赤城山見に行くか」と僕を畑に連れ出しました。

僕には、雄大な赤城山のスカイライン、つまり稜線から先の青く輝く空が、すごく希望に満ち溢れた世界に見えました。いまの自分は小さくて、この狭い世界から出られないけれど、いつかあの山の頂を越えて、その先を見てみたい。あの高みまで上っていって、そこから見える世界を一望してみたい。そこにはきっと明るい未来が待っているはずだ。いつしか、そう信じるようになりました。

その経験が僕の心の根っこにあります。赤城山のあの姿は、僕が弱ったときにいつでも戻ってこられる心の中の原風景です。

だから、僕はいじめられていたときも、坐骨神経痛で箱根駅伝をあきらめざるを得なかったときも、役所勤務になじめず、「自分はここにいるべきではない」とモヤモヤしていたときも、心のどこかで、自分はいつか赤城山のあの先の世界で活躍する人間になるんだと信じていました。赤城山が心の支えになっていたのです。

50歳を前にして、自分という人間がどういうふうに形作られたのか、あらためて考えるようになりました。すると、やっぱり赤城山の空が浮かんでくるのです。

僕にはいま5歳の娘がいます。自宅にいるときは、なるべく僕が幼稚園に送るようにしています。幼稚園に向かう途中には坂があって、そこから振り返ると、天気がよければ、丹沢と富士山が見えます。それを見ながら、娘に必ずひと言声をかけています。「今日の丹沢はちょっと曇ってるね」「今日の富士山は前みたいに白くなったね」「富士山の雪がだんだん消えてきたね」。

祖父がどういう思いで話していたのかは残念ながらわかりません。でも僕は、祖父から、いつでも戻ってこられる心の原風景をもらいました。それを今度は、自分の娘に引き継ごうとしています。遠い世界で輝けるような人生を送ってほしいというのが、僕の願いです。

ずっと悪いことが続くはずがない、落ちるところまで落ちたらあとは上るだけだ、と僕が思えるのも、きっと未来に対する希望があるからです。そういう心根を持たせてくれた祖父には、感謝しています。

自分もいつかは輝けるという信念があれば、どんなに落ち込んでも、どこかで気持ちを反転させて、前向きになることができます。いまは腐っているかもしれないけれど、絶対このままでは終わらせない。そういう気持ちを持つことが大切です。

ただ、一つだけ注意したいのは、輝ける場は別にある、本当の自分はここにいないと思い続けると、永遠に自分探しをしてしまう危険があるということです。

最近、転職する人が増えていて、選択肢が増えることはいいことだと思うのですが、なかには、転職するたびに悪くなっていく人がいます。少しやってみて自分には向かないとわかると、そこから逃れるためにすぐに辞めてしまう。そういう転職を何回繰り返しても、自分を高みに持っていくことは難しいのではないかと思います。横スライドしているだけだからです。

赤城山の稜線の先の世界を見るためには、まず、尾根まで上っていかなければいけません。山登りはしんどい。でも、尾根から絶景を見るためだと思えば、踏ん張ることができます。

この先きっといいことがあるというポジティブさが根っこにあるから、つらいことにも耐えられるのです。麓の村を行ったり来たりしているだけでは、その先の世界を見ることはできません。

キャリアはあとからついてくる

若いときは、なりたい自分があったら、そこに至るまでのルートを直線的に描きがちです。僕自身もそうでしたが、この歳まで生きていると、キャリアパスというのは、決して真っ直ぐな一本道ではなく、局面、局面で精一杯自分なりに取り組んできた結果が、あとから振り返ると、一本の道のように見えるだけなのではないかと思います。

その意味で、僕のこれまでの人生はＵＴＭＢに向かう一本の道のように見えるはずです。

しかし、決して、あらかじめ決まったルートをたどってきたわけではありません。ましてや、誰かに与えられたルートを歩んできたわけでもありません。自分がその都度、真剣に悩み、選んできた結果がいまにつながっているのです。

昔は、個人のキャリアパスも、会社が用意してくれました。たとえば、役人の世界はかなり明確にキャリアパスが決まっています。将来事務方のトップに立ちたかったら、何歳までにこの課を通過しなければならないといったことが、事実上、決まっているわけです。

企業の人事でも、かつては将来役員になるためのコースがありましたが、いまは会社そのものが買収されたり、潰れたりする時代なので、そのあたりはだいぶゆるやかになっているはずです。

20代の人が、この先自分のキャリアをどう積むかを考えても、その年代で見えている世界なんてたかが知れています。実際にたどることになる人生は、自分が思い描いていたものとはまったく違うものになるでしょう。

でも、だからといって、変に自信を喪失したり、自暴自棄になったりする必要はありません。自分が思っていたよりも、世界はずっと広かったというだけのことです。

むしろ、目の前のことをしっかりやっていれば、誰かがきっと見てくれているし、評価もおのずから高まります。**最終的なゴールはまだぼんやりとしているけれど、いまはこの仕事に集中する。それがきっと次につながる。**そういう準備ができている人には、誰かが救いの手を差し伸べてくれます。でも、目の前の仕事をおろそかにする人のところには、めったにチャンスは訪れません。

もしかすると、それによって、当初思い描いていたのとは違う方向に進むことになるかもしれませんが、それは自分で選んだ道です。いまはこれをやろうと決めて、一生懸命取り組むことができた、それを見ていた人から引き上げてもらえたということは、少なくともその方向性は間違っていないということです。

パッションを持って自分が動き続けていれば、あちこちからパッパッと手が差し伸べられて、あなたの歩むべき方向を示してくれる。だから、堂々とその道を歩んでいけばいいのです。

僕も若いときは、「ビジョンを持って、長期プランを立てなければダメだ」と言われて、そんなものかなと思っていましたが、正直、仕事上のキャリアを思い浮かべることはできませんでした。

ところが、28歳でトレイルランニングと出会ってからの僕は、誰に言われるまでもなく、残業を終えた真夜中に上州のからっ風が吹く寒い中を走ったり、深夜に階段を昇り降りしたりしていました。「何をやっているんだろう」と自分でも思いましたが、結局、そうやってパッションを持ってやってきたからこそ、道が開けてきたわけです。

あのときの僕にとっては、がむしゃらに走ることに意味がありました。1日1日が大事という感じで生きていました。

その先にどんな世界が開けているか、はっきり見えていたわけではありませんが、僕の未来はこっちの方向にある、僕が輝ける場はこっちにあるということは、ぼんやりと気づいていた気がします。少なくとも、いまやっていることは決してムダにならないという確信はあったのです。

第6章

開拓者として生きる

―プロトレイルランナー、レース運営の哲学―

「好き」を仕事にすること

僕は40歳で役人を辞め、プロのトレイルランナーになりました。好きなことを仕事にできるなんて、こんなにハッピーなことはありません。それがすべての大前提です。

その次に来るのは、仕事になったがゆえの「結果を出さなければいけない」というプレッシャーです。仕事としてやっていなかったときの純粋な楽しさが、一時的に失われることは覚悟しておく必要があります。

実際、僕も悩んだ時期がありました。走るのがつらくなって、山を見るのも嫌になったときがあります。でも、海を見に行ったり、時間を置いたりして、いろいろ考えているうちに、やっぱり好きなことには違いないと思えるようになりました。

好きだからこそ自分を追い込めるし、嫌いだったら、わざわざあんなに苦しいことにチャレンジする必要はないわけです。そのあたりが整理できたときは、「ああ、本当にありがたい。自分はこれを仕事にできてラッキーだな」と納得することができたのです。

「好きなことを仕事にしたい」と考えている人は、自分が心の底からそれが好きと言えるか、自分の好き加減を吟味してみてください。中途半端に好きなだけだと、プレッシャーに負けて、好きだったはずのことが嫌いになってしまうかもしれないからです。

山を走ることは僕の生き甲斐ですが、決してラクではありません。むしろ好きなことを仕事にするのは、間違いなく茨の道です。ラクじゃないとわかっているけれど、好きなことだから、それについて考えるだけでワクワクする。**最後は、つねに前向きに取り組めるかどうかです。ワクワクできているうちは大丈夫です。**

注意しなければいけないのは、仕事だからという義務感が強くなって、そうしたワクワク感が薄れてきたときです。アマチュア時代のワクワク感をもう一度取り戻せるのか、取り戻せないのか。取り戻せないなら、別の仕事を探したほうがいいかもしれません。

僕は全国各地のトレイルランニング大会のコースプロデュースもしていますが、何時間も山の中を巡りながらコースを考えていると、さすがに疲れてきます。いろいろな人に気を遣わなければいけないので大変です。

そんなとき、ふと役人時代の自分を思い出して、「あのまま役人だったら、1日中デスクにかじりついて、パソコンを打っていたんだな」と思うと、「自分はやっぱりすごく幸せなんだな」とあらためて実感できます。レースを走ったみなさんが「よかったです！」と喜んでくれれば、やっぱりうれしいし、それが次のモチベーションにつながります。

日々の練習もつらいし、周囲からのプレッシャーもキツイので、つねに満足というわけにはいきません。仕事だから、あまり得意ではないこともしなければいけないときもあります。決して、毎日楽しくてしょうがないというわけではないのです。

それでも、**ふとした瞬間に、好きなトレイルランニングを仕事にできたことのありがたさが、すっと心に入ってくる。週に1回でもそんな瞬間が訪れれば、つらいことも疲れも吹っ飛びます。それが、好きなことを仕事にし続けるコツです。**

好きなことと得意なことが重なっている人は、それを仕事にするのが一番ですが、なかには、好きなことと得意なことがズレている人もいます。どちらを仕事にしたらいいかというと人それぞれで、明確な答えがあるわけではありません。

15年間も役人をやっていたこともあって、実は、僕には役所を相手に話をまとめる能力がそれなりにあります。ただ、交渉事は決して好きではありません。できれば誰かに任せたい。でも、UTMFの実行委員長をやる中で、地元自治体や土地の所有者との交渉があれば、「じゃあ、僕が行きます」と自ら買って出ます。役所というのは独特のルールが支配しているので、経験値の高い僕が矢面に立つことで、好きなUTMFを成功に導く突破口が開けるなら、せっかくの能力を出し惜しみする理由はありません。**好きなことを追求するために、得意なことが役に立つのが理想です。**

逆に、僕はこまごましたことは得意ではありません。役人時代はエクセルも使っていましたが、いまは全然ダメですね。そういう不得意なことに時間を取られるのはムダなので、できないことは人にお願いするようにしています。

プロに求められる資質

プロのトレイルランナーといっても、野球やサッカーのプロ選手とは違って、競技戦歴で年俸が決まるという世界ではありません。よく若い人たちから「僕もプロトレイルランナーになりたいです。どうすればなれますか？」という相談を受けるのですが、こうすればプロになれるという、わかりやすいルートは残念ながらありません。

これが野球なら高校野球の名門校に入って甲子園で活躍するとか、サッカーならJリーグのジュニアユース（中学生）やユース（高校生）のセレクション（入団テスト）に合格するとか、ある程度決まったルートがあるのですが、トレイルランニングの世界には、そうした育成システムがないのです。

野球やサッカーのように、プロリーグがあるようなメジャースポーツと違って、マイナースポーツのほとんどは、企業がその人のスポンサーになることで、プロ生活がスタートします。

つまり、その人に出資したいという企業が現れなければ、どれだけ世界で活躍しても、プロにはなれないということです。オリンピックでメダルをとるような種目でも、スポンサーが見つからずに、アルバイトをしながら現役を続けているアスリートもたくさんいます。

企業がその人に出資したくなるためには、まず、人に負けないような戦歴が必要です。

海外の有名な大会で日本人トップで表彰台に上がるとか、まだ誰も走ったことのない大会で優勝するとか、人の感情に訴えかけるような実績が求められます。人並みの実力しかないのにプロになるのは、おそらく無理です。

とはいえ、戦歴がすべてではありません。競技だけやって実力がつけば、自動的にスポンサーがつくわけではありません。

次に必要なのは、他の人にはないオンリーワンの価値を持つことです。同じ山を走るスポーツでも、あるジャンルでは圧倒的な強さを誇るとか、誰もチャレンジしたことのないことをしているとか、**とにかく他人とは違う強みがあって、それを言葉にしてきちんと伝えられること**。そういう人には語るべきストーリーがあり、話題になりやすい。それが企業が求める、もう一つの資質です。

雑誌でその人のインタビューが載っていたら読みたくなる。その人が着ているウェアや履いているシューズを自分も買いたくなる。その人が参加するイベントに自分も行ってみたい。企業がお金を出すのは、そういう話題性やカリスマ性のある選手に対してです。

オンリーワンの価値といっても、それはあくまで、他の人から見たときの価値を意味しています。自分ではどんなにすごいと思っていても、他の人から見たら大したことのない実績かもしれないし、そこに魅力を感じないかもしれません。それでは、企業は出資したいとは思わない。実力があっても、ファンから嫌われるようなタイプでは、プロになるのは難しいかもしれません。

ここ数年のトレイルランニング人気の高まりもあって、日本にもプロトレイルランナーと呼べる人が増えてきています。全員に共通するのは、人前でトレイルランニングの魅力を語らせたら、いくらでも話ができるということです。

競技人口が増えれば、それだけウェアやギアが売れてスポンサーも潤うし、僕らの生活も安定します。企業がプロを抱えられる人数も増えていく。だから、**ファンの数を拡大するのも、プロトレイルランナーの大事な仕事の一つ**です。

体操の内村航平選手や、陸上短距離のケンブリッジ飛鳥選手、水泳の萩野公介選手など、いままでアマチュアしかいなかった世界で、プロを宣言するアスリートが増えています。プロトレイルランナーも、こういう新しいタイプのプロの一つです。

僕の場合は、たまたまプロトレイルランナーのパイオニアでもあるので、自分でこの世界を切り開いてきたという自負があります。何をやるのもたいてい最初なので、つねに茨の道を進む感じで、正直苦労はあります。

でも、自分の前の誰も通ったことのない道に、はじめて足跡をつけて、あとからみんながついてきてくれる喜びは何物にも代えがたい。それがあるから、また新しいことにチャレンジしようと思えるし、日本ではじめて100マイル（160キロ）のウルトラディスタンスのレースをつくろうと思えたわけです。

冬山登山では、先頭を行く人は誰も踏み入れていない雪をラッセルして（かき分けて）トレース（踏み跡）をつけていきます。あとからついていく人は、すでにできたトレースをたどるだけなので、体力を温存できます。先頭が一番つらいのです。

でも、あたり一面の新雪の中を、どこにどうラインをつくって進んでいくかというのは、先頭の人間にしか決められない。それが先駆者の醍醐味でもあります。

ビジョンを同じくして形にする

海外でさまざまなトレイルランニングのレースに出場してきた僕は、その経験をもとに、日本のみなさんにも山や森の美しさを体感してもらおうと、初心者向けから順位を競いたいランナー向けまで、いくつかの国内大会をプロデュースしています。その中で一つだけ性格が違うのがＵＴＭＦで、これは僕自身が実行委員長を務めていて、大会運営チームを率いる形になっています。

僕の人生のターニングポイントには、つねにＵＴＭＢがありました。プロになったきっかけも、アキレス腱をケガしたのもＵＴＭＢです。それまでの人生は、すべてＵＴＭＢに至る一本の道になっています。コースの難易度や知名度、出場する選手のレベルの高さ、どれをとっても世界最高レベルで、自分が一番いいパフォーマンスを出したいと思わせてくれる大会です。

ＵＴＭＢのようなレースを日本にもつくりたい。モンブランのあの興奮、あの舞台、あの文化、あのホスピタリティを日本人にも体験してほしい。それには日本一の富士山を一周するコースがふさわしい。それが一番根っこにある想いです。

日本初の100マイル（160キロ）レースを自分たちの手で立ち上げる。前例のない取り組みに向けて、**最初は、まわりにいる人たちと夢を共有するところから始めました。**僕の想いをわかってくれそうな人をつかまえては、UTMBのすばらしさを伝え、それを日本で実現できたらどんなにすごいかを熱く語る。身近な人から一人、二人、三人……と口説いていくと、僕の熱が相手に伝染して、その人がさらに一人、二人、三人……と話をして、賛同者がねずみ算式に増えていきました。

最初からプロジェクトチームがあったわけではありません。しかし、「富士山を走って一周する」という前代未聞のコンセプトは、シンプルなだけにインパクトも甚大で、たくさんの人を魅了しました。ワクワクするようなロマンあふれるアイデアだったからこそ、ただのムーブメントで終わらず、多くの仲間たちの協力を得て、実現に向けて動き出したのです。

当時の日本では、UTMBの存在自体、知られていませんでした。そこで、コンセプトを説明するプレゼンテーションでは、メンバーの中にテレビ局関係者がいたこともあって、映像の力をフル活用しました。まさに百聞は一見にしかずで、UTMBの映像を見せながら、「これを日本でやりたいんです」と熱意ある言葉を重ねるスタイルで、周囲を説得していきました。

プレゼンで伝える言葉は、自分で考えました。高圧的に話しても聞いてもらえないし、かといってあまりに下手に出て話をすると、すべて「お願い」みたいになってしまって、話が進まないので、**できることとできないこと、メリットとデメリットを包み隠さず話して、心から納得してもらうこと**を心がけました。

同じトレイルランニングのコミュニティの人と話すときは情熱だけで通じても、地元自治体や中央省庁、自然保護団体、あるいはコース予定の土地の所有者と話すときは、**つねに相手がどう受け取るかを考えながら、相手に合わせて言葉を選ぶ**ようにしました。

最初に着想を得てからおよそ3年。その間、僕は延べ数百人の人に向けて、自分の想いを語り続けました。この大会に一人でも多くの人が関わってくれるような流れをつくりたい。その想いは、2012年にようやく結実します。前年に起きた東日本大震災の影響で、

1年延期したうえでの開催となりましたが、その年の5月18日（金）から20日（日）にかけて、記念すべきUTMFの第1回大会が開かれたのです。

一匹狼の個性も生かすチームマネジメント術

UTMFの実現に向けて、プロジェクトチームを立ち上げました。実働部隊であるメンバーを決めるに当たって、僕が意識したのは次の三つです。

一つめは、想いが強い人。何が何でもこの大会を実現したい、という情熱を持っているということです。

二つめは、責任感の強い人。「これをやってください」と言われたら、期日までにしっかりやるということです。

三つめは、コミュニケーション能力がある人。大勢の人がかかわるプロジェクトなので、話し上手で説得力のある人がいると助かります。

この三つが全部揃っている人がいれば理想ですが、どれか一つでも持っていれば、それぞれの得意・不得意を見極めて、適材適所で仕事を割り振ることでチームとして機能すると思って人選を進めていきました。

ところが、トレイルランニングはもともとチームスポーツではなく、ソロスポーツだということもあって、集まってきたのは、一匹狼タイプの人が多かった。それぞれが一国一城の主で、必ずしもチームプレイを得意としない人も含まれていたわけです。

そうすると、誰もが旗振り役になりたがる。意見もバラバラだし、全員が最高責任者になってしまうのです。

しかし、もともと意見が違うところに、全員がジャッジに回ってしまうと、お互いに譲らず、いつまでも結論は出ません。いろいろな意見があるからこそ、最終的にリーダーが一人で決断しないと、チームをまとめることができないのです。

もともと人を引っ張るタイプではない僕にとって、最後は自分でジャッジしなければいけないというのは、ものすごくストレスが溜まる仕事でした。毎回プレッシャーとストレスにさらされ、胃が痛む思いをしているので、日々重い決断をしている政治家や企業のトップの方はすごいなと、素直にリスペクトしています。

40歳でサラリーマンを辞めた僕には、管理職の経験はありません。でも、この競技の先駆者としてみんなに夢やビジョンを説いていく中で、いつのまにかそういう立場に立たされていて、いまでは、日本トレイルランナーズ協会（ＪＴＲＡ）という競技団体の会長も引き受けています。リーダーになった以上、決断から逃げないこと、どんなに苦しくても、みんなから望まれてそういう立場に立ったことを意気に感じて、意思決定するしかありません。

ただ、大会の実行委員長や協会の会長をしていて、わかったこともあります。トレイルランナーはみんな個性が強いので、その個性をコントロールするというよりは、調整役に徹したほうがうまくいくということです。

リーダーがグイグイ引っ張るのではなく、誰に対しても壁をつくらず、同じように接することで、それぞれの個性を生かしながらバランスをとる。少なくとも、僕にはそういうリーダーシップのほうが向いています。それは、どちらも任意参加のボランティア型の組織ということも関係しているかもしれません。

ボランティア型の組織で一番よくないのは、否定的な思考の人の存在です。ネガティブな発言ばかりする人がいると、それがまわりに伝染して、「そんなに言うなら、こんなのやめればいいじゃん」と放り出したくなる。会社なら、上司がひと言注意すればすむかもしれませんが、全員が対等な関係で参加している組織だと、そのあたりのさじ加減が難しいのです。

僕が気をつけているのは、**棘のある言葉が出たら、それを和らげるような言葉をかぶせて、棘がみんなに刺さらないようにする**ことです。

たとえば、ちょっと苦笑いしながら「またそんなこと言って」と少し茶化すように言えば、そこでみんな和みます。「そういう言い方はダメでしょ」と高圧的に言っても雰囲気が悪くなるだけで、誰のためにもならないので、その場でうまく解消するようなひと言を言うようにしています。

また、会議自体をネガティブな意見を言いにくい雰囲気にしてしまうという手もあります。僕は毎回、会議の冒頭で、「僕はこの大会（組織）をこういうふうにしたい」「こういうビジョンがあるから、この会議はこういうふうに進めていきたい」という話をしています。あらかじめポジティブな目標が設定されていれば、ポジティブな意見が出やすくなるので、それを意識しているのです。

たとえば、大会終了後の反省会では、「自分はほとんど3日間寝ずに働いた」「雨の中ずっと外に立たされて大変だった」などとストレスの発散合戦になりがちです。そこで、「ネガティブな意見も次に生かすための貴重な意見なので、誰かを否定するとかではなく、客観的にみなさんが感じたことを言ってください」と最初に断っておく。

すると、「同じ人に負担が偏りすぎないように、来年からはどうしたらいい？」というように、次につなげることができます。1回限りのイベントだと、反省を次に生かすことはできませんが、UTMFは毎年開催する前提なので、否定的な意見も次に生かして昇華することができるのです。

そうやって、ポジティブな意見が大勢を占めてくると、ネガティブ思考の人はだんだん居づらくなってきて、自分から自然と遠ざかっていきます。この人はみんなの足を引っ張っているなと思っていると、本人から「来年はちょっと勘弁させてください」と言ってきたりするので、きっとお互いに感じるものがあるのではないかと思います。

最初から100%は目指さない

「日本でUTMBのような大会をつくりたい」という呼びかけに集まってきたのは、もともとトレイルランニング愛の強い人たちです。その情熱が一つの方向にまとまってくれればよかったのですが、なかには「トレイルランニングの大会はかくあるべき」という思い入れが強すぎて、自分の意見をなかなか曲げない人もいました。

これがマラソンなら、大会運営のしかたはだいたい決まっているので、それに沿って準備を進めていけばいいのですが、トレイルランニングはまだ「これ」と決まった運営ルールはありません。そのため、人によって意見がバラバラです。

たとえば、「サポートスタッフによって差が出てしまうので、エイドステーションにはサポートスタッフを入れるべきじゃない」という意見もあれば、「サポートなしなんて、あり得ない」という意見もあります。「こんなコースではトレイルランニングとは言えない」とか、「もっと外国人選手を呼ぶべき」「いや、もっと日本人を多くしないと」「こんなレベルの人を走らせちゃいけない」、なかには「ドーピング検査をやらない大会なんてスポーツじゃない」という意見もありました。

僕らが目指しているＵＴＭＢは、世界一のレースです。あこがれのＵＴＭＢと比べて自分たちの状況を見たら、ここが足りないとか、全然及ばないと思うのは、ある意味当然です。

僕がスタッフのみなさんに何度も言っていたのは、「最初から１００％を求めないようにしよう」ということです。第１回大会は、もしかしたら30％の出来かもしれない。でも、ＵＴＭＦは１回やって終わりのレースではありません。５回、10回と続ける長いスパンで考えたときに、最初は30、40％の出来でも、場数を重ねていけば、それがやがて80％になり、90％になって、やがてＵＴＭＢと肩を並べられる日が来るかもしれない。

最初からできもしない１００％を目指すより、いまできる精一杯のことをやって、既成事実を積み上げていけばいいわけです。

しかし、それではどうしても納得できないという人もいました。その結果、「こんなのやる意味がない」「自分が思っていたのとは違う」と言い残して、一人、二人と去っていきました。去るものは追わずで、無理に引き止めはしませんでした。

もともと思い入れの強い人たちの集まりです。みんなの意見がバラバラすぎて、最初のうちは、何時間話し合っても結論が出ませんでした。しかし、そうやって最初に時間をかけて、それぞれの想いをぶつけ合ったおかげで、最終的には一つのチームにまとまることができました。その過程でいなくなった人もいますが、残った人たちは骨の髄まで想いを分かち合うことができたので、結果的にはよかったと思います。

ただ、渦中にいるときは、さすがに心が細りました。自分がレースに出るほうがよっぽどラクだ、なんでこんなことを始めてしまったんだろうと何度も思いました。しかし、日本にＵＴＭＢを持ってきたいという夢のほうが大きかった。やっぱりみんな好きなことだから、途中で投げ出さずに、最後までやり遂げることができたのです。

プロジェクトを始動するときは、泊りがけの合宿でもして、時間の制限なく、思ったことを全部吐き出して、お互いにぶつけ合う。そういうディープな会議をしておくと、あとのやりとりは比較的スムーズに行きます。

会社の場合は、意見が違ったからといって袂を分かつことができないのがつらいところですが、任意参加のプロジェクトの場合は、どうしても合わなければ、それぞれ別の道を歩むという選択もあります。逆に、お互いに腹を割って話し合い、合意できるところを探すという過程を省いてしまうと、あとから思わぬしっぺ返しを受けるかもしれません。

本音で話しすぎて自分の評価に悪影響が出ないよう、会社ではふだん取り繕っているだけに、心のバリアを解放するためには飲み会が有効です。一方、好きで集まった組織は強い。共通の想いでつながった組織には、実は、日本的な飲みニケーションはいりません。いつも本音で話しているから、わざわざ飲み会をやる意味がないのです。

トラブル処理こそ冷静に

最初から１００％は目指さないといっても、やるべきことはたくさんあります。人間ですから、10のことを全部いっぺんにできるわけではないので、何が一番大切か、優先順位はつねに意識しています。

レースの主催者として、まず何よりも大切なのは、参加者の安全を確保すること。事故が起きてからでは遅いので、どんなときでも安全第一が基本です。

その次は、時間的におしりが迫っていることを優先的に片付けていきます。

何かトラブルが発生したときは、その場でパパッと判断して、誰に何をやってもらうか指示を出さなければいけません。

とくに大会当日は、天候やコース状況などが刻々と変わり、その都度、実行委員長として意思決定していかなければいけないので、気が抜けません。

問題が発生して、その場で決断しなければいけないときは、とにかく冷静になることです。頭が混乱してパニックになると、正しい決断が下せないので、ちょっと席を外してトイレに行ったり、外の空気を吸いに行ったりして、頭の中でいまの状況を整理します。

できることとできないこと、最初にすべきこと、次にすること……を考えたら、それで間違っていないか、もう一度反芻します。

緊急事態であっても、この大会を5年、10年続けていくために、その決断が本当に正しいかどうかを冷静に考える。自分一人のジャッジによって、１０００人以上の選手に迷惑をかけてしまうかもしれないので、慎重に判断するようにしています。

最悪なのは、声を荒げて周囲に当たってしまうことです。たとえスタッフがミスしたとしても、「だからあれほど言っただろ」「何度も同じことを言わせるな」と怒鳴るだけでは何も解決しません。むしろ、やってしまったことはしかたがないけど、「次はそうしないように、こうしたほうがいいよね」と諭して聞かせる。一緒にその局面を乗り越えていく仲間だからこそ、落ち着いて話をする必要があります。

僕はＵＴＭＦの実行委員長なので、レース中に意思決定しなければいけないことがたくさんあります。でも、できるだけゴール地点で選手を迎えたいと思っています。それは、この大会を走ってくれた人への感謝であり、それをみなさんにちゃんと伝えたいという気持ちです。

しかし、レース中は何かあると携帯電話が鳴って、「こっちへ来てください」と呼び出されたりして、内心ドキドキしながらも、選手を笑顔で迎えなければいけないときもあったりするので神経を使います。ものすごく疲れます。

でも、160キロという自分の限界にチャレンジするレースなので、UTMFを走り終えた選手たちが、「よかった！」「最高の大会だった」と思ってくれたら僕もうれしいし、1年に1回あるかどうかの檜舞台を味わい尽くして、その人の人生にいい影響があったとしたら、僕も心から感動します。

それがあるから、つらくても、この仕事をやめられないのです。

相手が「うん」と言うまで粘り強く交渉する

UTMFの実現に向けて、行政の人たちと話をするときは、群馬県庁の役人だった僕の経験が生きました。

役人の世界では、断言口調をよしとしない文化があります。たとえば、事象を列挙するときは最後に「等」を加えるとか、「〜というような想定もあります」のように幅をもたせた言い回しをしておかないと、あとから「それはできない」という話になりかねません。「等」がひと言入っていることで、当初想定にはなかった「例外的な」事態も容認できるという思考が役人には染み付いています。

役人相手の交渉は、その意味で、僕の得意分野と言えるかもしれませんが、本来、人前で話をするのは好きではありません。しかし、UTMFという夢の舞台を実現するための話し合いだったので、サラリーマン時代に行政の担当者として話をしていたのとは、気合の入り方が全然違います。口から出る言葉も、おのずと真剣味の溢《あふ》れたものになりました。それが説得力につながっていたのだと思います。

交渉は一筋縄ではいきませんでした。富士山を1周するコースは、静岡と山梨の2県9市町村にまたがり、地元自治体の協力が欠かせません。山道を走るためには林野庁の、舗装道路を走るためには警察の許可がいります。地権者との話し合いもあります。

何しろ前例がないことだし、私有地を走るには個別に許可が必要で、山道を走れば草木が荒らされるのではないか、ケガ人が出たらどうするのか、落石事故や転落事故が起きて、万が一、人が死んだら誰が責任をとるのかなどなど、反対する理由をあげればいくらでも出てきます。

そのため、最初は「山を走るなんてとんでもない」という拒否反応がほとんどでした。交渉というよりも言われっぱなしで、こちらとしては、丁寧に、時間をかけて、一つずつ誤解を解いていくしかありません。しかし、そうやって話し合いを重ねていくと、反対意見も少しずつトーンダウンしていきます。こちらがあきらめず、粘り強く交渉すれば、回を重ねるごとに、だんだんいい方向に流れていくという実感はありました。

しかし、なかには、どんなに言葉を重ねて説明しても、理解してもらえないこともありました。どこまで行っても平行線で、互いの距離が埋まらない。だからといって、理詰めで迫ると、相手を打ち負かすことになってしまって、かえって感情的にこじれてしまいます。

計画を頓挫させないためには、どんなに強硬に反対されても、交渉を決裂させないことが大事です。決裂してしまうと、そこでストップしてしまう。最悪の場合、大会を実施できなくなるかもしれません。

そこで、**話し合いが不調に終わっても、「また勉強させてください」「またお話しさせてください」と必ず次につなげる**ようにしました。

また、折に触れて、その団体が主催しているイベントに顔を出したりして、距離を縮める努力を重ねました。時間があるときは、僕もそこに行って挨拶をしました。

お金のからんだビジネスとは違って、交渉が不調に終われば別の相手と取引するというわけにはいかないので、時間をかけて何度もコミュニケーションを重ねることで、少しでも歩み寄れるところを見つけていくのが、結果的にうまくいったポイントだと思います。

役所というのはおもしろい組織で、前例のないことをやるときはだいたい後ろ向きで、そこを突破するのに苦労するのですが、一度でも実施した実績があると、それが既成事実化して、次からの交渉はだいぶラクになります。

1年めは新規事業扱いなので審査は厳しいのですが、それが2年めになると継続事業、さらに続けば中期継続事業、長期継続事業となって、今度はやり続けることが前提になります。そうなれば、予算取りも財務当局に行って「ああ、これね」という感じで話がしやすいし、毎年恒例のイベントということで役所や地元の動員体制もできている。

だから、まずは1回実績をつくること、そのうえで毎年やり続けることが大切です。特に日本においては、その傾向が強いと思います。

これからも走り続ける

―50歳からのリスタート―

第7章

レユニオンに3度めの挑戦

何の夢も希望もなかった役人時代に、新聞の朝刊に載った一枚の写真を見て、トレイルランニングという競技をはじめて知ってから、ちょうど20年が経った2017年10月、僕はインド洋に浮かぶ仏領レユニオン島に降り立ちました。過去2回連続でリタイアして、いまだ完走していなかった「グラン・レイド・レユニオン」にもう一度挑戦するためです。

僕はこれまで、100キロ以上のウルトラトレイルというカテゴリーで、30レース近く戦ってきました。年2、3本走るのが精一杯だと考えれば、かなりの数です。

どんなに苦しくてもとにかく最後まで走り抜くぞ、と自分に言い聞かせて、実際、出場したほぼすべてのレースで完走してきましたが、唯一、2回挑戦して2回とも途中棄権したのがこの大会です。

第3章の『時には撤退を決断する』でも触れましたが、2014年の2回めの挑戦で挫折したことが、僕の中では一つの転機になりました。当時の僕は45歳。40歳からプロになり、スポンサーがついたことで、とにかく結果を出さなければいけない。

２００９年のＵＴＭＢ3位という実績に見合った活躍をしなければいけないプレッシャーにさらされる一方、体力的には年々下降線をたどっていく現実を直視しなければいけないという板挟みにあって、精神的にも追い詰められ、いつしかオーバートレーニングが当たり前になっていました。

つねにギリギリの状態で何とか結果を出してきたものの、長年の無理が祟って、ついに身体が悲鳴をあげた。それが、２０１４年のレユニオンのレース中に出た不整脈だったと思っています。

走り続けなければ、プロトレイルランナーの仕事を失い、家族を養えない。でも、いままでのやり方を続けていると、命が危ない。死の危険を身近に感じて、僕はようやくいままでの自分に別れを告げることができました。

これからは他人の評価は気にせず、自分が納得すればそれでいいと考えよう。その考え方が正しかったことは、2年後の２０１６年、パタゴニアのウルトラ・フィオルドで2位になったことで証明されました。

2017年にレユニオンに3回めの挑戦をしようと思ったのは、50歳になるのを機に、もう一度、あこがれの地モンブランを走ろうと心に決めたからです。最後にUTMBに出たのは2012年、悪天候のため距離が短縮された年のこと。それから7年の歳月を経て、50歳の僕はふたたび夢の舞台に挑みます。

しかし、その前にどうしてもやっておきたいことがありました。それが、世界三大大会の一つにあげられるグラン・レイド・レユニオンをコンプリートさせること。過去2回リタイアして、途中で命の危険まで感じたコースです。

前回は誰も助けに来ない山の中で、このまま死ぬかもしれないという恐怖を味わいました。そのときの撤退という決断自体は間違っていたとは思いませんが、まだ終わっていないとモヤモヤする気持ちがずっと残っていたのは事実です。

実は、レユニオンのコースレイアウトは僕向きではありません。僕はランナー出身なので、険しくても走れるコースのほうが得意です。

ところが、レユニオンは走れるパートが少なくて、段差のある岩場を早歩きで昇り降りするパートが続きます。岩がゴロゴロしているガレ場を下るときも、昔と比べて動体視力が落ちているので、ピョンピョンと跳んでいくのではなく、ペースを落として足場を確認しながら進まなければいけないのも、僕にとっては不利なところです。

だから、もともと苦手意識があります。苦手なところを避けて、自分の得意なコースに特化して勝負するというのも一つの戦略です。

それはそれで間違っていないと思う一方、自然相手のトレイルランニングはコースを選べないところも魅力の一つで、そのコースに自分をフィットさせて戦うスポーツです。そう考えると、やっぱり自分はこのコースをしっかり走っておくべきだという想いを断ち切ることはできませんでした。

苦手意識も、心臓トラブルの恐怖も克服して、最後まで走り抜くこと。それができれば、その勢いに乗ってＵＴＭＢの大舞台に立つことができるはずです。

想定外の二つのトラブル
行く手を阻んだ

レユニオンへの準備は、10カ月前の2017年の年明けから始めました。この10カ月は、これまで以上に老いを実感する日々でした。そこでトレーニング内容を見直して、いままでやってこなかった練習を積極的に取り入れながら、身体をつくっていきました。

3度めの挑戦なので、コースの事前シミュレーションも何十回となくやりました。グーグルマップやユーチューブの動画を見たり、自分の記憶をたどったりしながら、最高のパターン、最悪のパターン、中くらいのパターン、それよりも少しいいパターン、少し悪いパターンに分けて、自分がどう走っていくかを頭の中で何度もイメージしながら刷り込んでいく。

ただ、自分がリタイアするということは考えないようにしました。**たとえ足が折れても、**

片足になっても絶対にゴールまで行く。途中であきらめるという思考を排除するため、そんなシミュレーションまでして、まさに決死の覚悟でスタートラインに立ったのです。

序盤はいつもより抑えめに入りました。夜10時のスタートなので、一晩めはアクセルを踏まないように、なるべく夜空の星を見ながらリラックスすることを心がけました。

夜が明けてからは、レユニオンの核心部とされるマファテ谷の攻略です。マファテ谷は、距離でいうと60キロから100キロにかけて、巨大クレーターのようなすり鉢状の盆地です。谷といっても、そこにはいくつもの急峻な岩山がそびえ立ち、垂直に近い斜面を何度も昇り降りを繰り返すという、このコースきっての難所です。

仕上げは標高2000メートルのマファテ谷の縁を一気に駆け上がります。

その格闘中に、いままでに経験したことのない二つのトラブルが僕を襲います。

一つは胃腸のトラブルです。胃が食べ物を受けつけなかったことは過去に何度もありましたが、今回ほど重度な不調ははじめてでした。食べたものはすぐに戻してしまうし、水を飲んでも吐いてしまう。口に物を入れた瞬間、脳が「吐け」と指令を出してしまうので、エネルギー切れの状態のままマファテ谷を行かなければいけませんでした。

もう一つは老化による脚力不足で、こちらのほうが深刻でした。いままでの自分だったら、これくらいのアップダウンなら脚力は残っていたはずなのに、100キロ手前のマファテ谷でほとんど脚力を使い果たしてしまったのです。

谷の最後、2000メートルを上って最高地点のマイドにたどり着いたとき、僕はもう一歩も進めないという状態でした。そこからの残りの60キロが、これまで経験してきた終盤の試練をはるかに超える地獄でした。補給がまともにできない状態なので、身体に力が入らず、フラフラとした足取りで、幻覚も見えるし、幻聴も聞こえます。


最後の60キロの道のりは本当に壮絶で、10キロごとにあるエイドステーションでの映像をあとから見ると、「もうやめたい」「つらい」と弱音ばかり吐いています。しかし、日本から応援してくれるみんなに書いてもらった日の丸の寄せ書きを持ってきていて、エイドごとにそれを見て気持ちを奮い立たせて、またレースに復帰していくわけです。

今度こそは何が何でも完走するという強い覚悟で臨んだ大会です。簡単にあきらめるわけにはいきません。しかし、ガス欠と脚力不足でまともに走ることもできず、2晩めのナイトセクションに突入したときは、誰も見ていないからと、ともすると歩みを遅くしてしまう自分がいました。そんなときは、日本で応援してくれている人たちを思い浮かべたり、娘のところに少しでも早く帰りたい、この一歩が娘に近づく一歩だと言い聞かせて、自分を鼓舞し続けました。

途中で何度もレースをやめる誘惑にかられながら、最後の最後は、何としてでも50歳でのＵＴＭＢ再挑戦につなげたいという思いが勝って、なんとかゴールすることができました。結果は44位。スタートしてからは、31時間以上が経っていました。

感謝の気持ちに満たされたゴール

これまでは、２０１４年のハードロックの28時間というのが一番長い完走記録で、それを超えてしまったときに自分の身体がもつのか、正直わかりませんでした。とくに心臓がもってくれるかが気がかりで、いったん脈が乱れてしまうと自分にはどうしようもないので、「とにかく生きて帰りたい」「最後までもってくれ」と祈るような気持ちでした。

ゴールタイムは2晩めの深夜に設定していたので、2日めの夜が明けて朝日が昇るのを目にしたとき、「ああ、（想定タイムを）完全に超えてしまったな」と残念な気持ちもありましたが、ゴールしたときは、走りきったことのうれしさと、感謝の気持ちしかありませんでした。

ひと口に「感謝」といっても、その対象はたくさんあります。

まず、支えてくれた人たちや家族への感謝の気持ち。この歳になるまでこんなことをさせてもらっていることへの感謝の気持ち。自分が歩んできた道への感謝の気持ち。これまで競い合ってきたライバルへの感謝の気持ち。「鏑木毅は終わった」と陰口を叩いて、僕のやる気に火をつけてくれた人たちへの感謝の気持ちもありました。いいことも、嫌なことも全部合わせて、それがあったからこそ、自分はいまここに立つことができたんだという感謝の気持ち。

3回めの挑戦ではじめて走り切ったレユニオンでゴールした瞬間、僕の心はあらゆるものへの感謝の気持ちで満たされたのです。

第4章の『限界の向こう側に生まれ変わった自分が待っている』でもご紹介した塩沼亮潤さんは、大峯千日回峰行を終えた1年後に、9日間「食べず、飲まず、眠らず、横にならず」ただ真言を唱え続ける「四無行」も達成しています。

一歩間違えれば確実に死ぬ過酷な荒行を終え、「どんな心境ですか？」と問われたときに、「結局、自分は何も変わりませんでした。いまは感謝の気持ちしかありません」というようなことをおっしゃっていて、まさしくそれと同じ心境でした。**極限まで追い込まれ、それを乗り越えたあとは、感謝の気持ちで心の中が満たされる。**本当にいい時間でした。

次に頭に浮かんだのは、これまで31時間以上かけて走ってきたレユニオンのさまざまなシーンです。本当に美しい光景で、その美しさが数日間頭の中を巡っていて、一つの旅を終えた感覚でした。

ただ、レースを終えたあとは、2日くらいはまともに寝られません。全身が熱を持っていてあちこち脈打っているし、アドレナリンが出て神経も高ぶっているので、すでに丸2日以上寝ていないのにもかかわらず、少しウトウトしただけですぐに目が覚めてしまうのです。

今回のレユニオンは、トラブル続きで、順位だけ見ると、過去に出場した大会の中では、最低の出来です。もちろん、トラブルを防げなかったことは真摯に受け止めなければいけませんが、あそこまで追い込まれた人間が完走するというのは、ふつうはあり得ない。順位的には失敗だったかもしれませんが、それを乗り越えてゴールできたというのは、自分の中ではすごく満足感の高いレースです。

実は、準備期間中に筋損傷を起こして走れない時期がありました。しかし、それも含めて、その時点でできることをやり続けた結果、完走することができたので、すべての練習をムダにすることなく、生かすことができました。

その一方で、走り切ったからこそ、課題もたくさん見つかりました。50歳に向けて、その課題を一つひとつクリアしていく。その意味でも、出てよかったレースだと思います。

レユニオンを完走したいま、僕の視界を遮っていた雲はすっかり消え去り、視線の先にはまっすぐ２０１８年のＵＴＭＢがとらえられています。

UTMB3位の栄光と呪縛

前回のレユニオンのレース前までは、40歳で世界3位になったUTMBのトレーニング日誌を後生大事につねに持ち歩いていました。肉体は1年1年老いているのに、「ここに世界3位になるエッセンスがある」と思うと、どうしてもそれまでのトレーニングから離れることができない自分がいました。

しかし、45歳で迎えた2度めのレユニオンで、不整脈が起きてリタイアせざるを得なかったことを境に、180度考え方を変えました。それまで後生大事に抱えていた過去の自分をきれいさっぱり捨て去って、いまの肉体に最も合う最高のトレーニングを探すようになりました。

新たな取り組みは新たなモチベーションにつながり、「老化」というものをマイナスでなく、プラスとまではいかないものの、楽しめるようになってきたのです。

2009年のUTMBは、3位になったという事実だけではなく、あらゆる意味で、僕の人生を変えました。15年間勤めた役所を辞め、退路を断ってこの世界に飛び込んでいった最初のビッグレースです。

NHKのドキュメンタリー番組で取り上げられることも決まっていて、何よりもこの最高の舞台で結果を出さなければ次はない、というギリギリのストレスとプレッシャーの中で戦い抜いた日々。そのときのストレスは、たしかにキツかったけれども、決して嫌なものではありませんでした。

人生40年生きてきて、このときほど、1分1秒に至るまで、自分のすべてを投入して集中した日々はなかったし、だからこそ、これまで隠れていた内なるエネルギーが日に日に湧き出てくるのを実感することができました。一つの目標に向かってあれだけ集中できて、結果として、3位という輝かしい成績を残すことができたのです。

2009年のUTMBで3位になってから、周囲の人たちの僕を見る目が変わりました。各地でイベントやセミナーに呼ばれ、大勢の人たちの前で、そのときのことを饒舌に話す自分。でも、僕はそのことにずっと違和感を感じていました。

3位になったのは、すでに過去の話です。周囲はリスペクトしてくれるかもしれませんが、それは過去の自分に対してです。

これが引退した選手だったら、「あのときの金メダルは……」と得意げに話をするのもわかるのですが、僕はまだ現役のアスリートです。しかも、現実の自分は日々、肉体の衰えを実感している。アキレス腱も痛めて、満足に走れない時期もありました。悩みすぎて精神のバランスを崩し、心療内科に通っていたこともあります。そうしたことが重なって、いつしかUTMB3位という実績自体が重荷になっていました。

40歳から45歳にかけては、周囲の期待と、いまの自分のギャップが、どんどん大きくなっていった時期でした。「このままではダメだ」と思いながらも、いつまでもUTMB3位という実績を拠り所にしている自分がいて、そのいやらしさと悲しさを噛み締めていました。

そこから逃れるように、「もう世界3位になったからいいか」と自分で自分を納得させようとする自分がいました。でも、そう考える自分が嫌で嫌でしかたありませんでした。

最後は自分が納得できるかどうか

45歳でレユニオンで2年連続リタイアという結果に終わったとき、はじめはものすごいショックでした。周囲も騒然としていたし、僕自身も「俺はもうダメだ」「俺の収入なしでも食べていく方法を考えてくれ」「何かの資格を取って」と妻に相談するほど、追い込まれていました。

でも、何日か経って、当初の混乱が落ち着いてくると、「待てよ」と考える自分がいました。「別に走るのが嫌いになったわけじゃない。これまでとは違う向き合い方をすればいいだけじゃないか」という考えがフッと浮かんだのです。

僕は追い込まれると、ふとした拍子に新しいアイデアが浮かんで、その方向に生き方をチェンジすることで、これまで生きてきました。このときもチェンジの瞬間が訪れました。

これまでの考え方をいったん捨てて、別の見方で見直してみれば、絶望的だったはずの

自分の未来に、一筋の光明が見えてくる。他人の評価を気にしてしまうとネガティブな思考にとらわれるから、これからは自分の評価だけで生きていこう。体力が充実していたときの自分ではなく、いまの自分が自分なりに限界に挑戦して、満足できるかどうか。

周囲の声ではなく、いまの自分の心の声に耳を傾ける。そうすれば、将来の展望を描けず、不貞腐れていた20代の僕がはじめてトレイルランニングと出会ったときの、あのワクワクする気持ちをもう一度味わうことができるはずだ。そう思い直すことができたのです。

僕の根っこの部分にはつねに、未来はきっとよくなるはずだという漠然とした想いがあります。だから、たとえわずかでも光が見えれば、そこから明るい未来を思い描くことができるのです。

アスリートとして、勝ちにこだわる姿勢は絶対に必要です。勝ちたいという欲望がなければ頑張れないし、競技力の向上は望めません。でも、本当に苦しいときは、勝利至上主義だけでは踏ん張れない。勝ち負けを超えたところで、そのスポーツが好きかどうか。それがなければ、いつまでもこんなに苦しいことを続けることはできません。

ある程度年齢を重ねて、次のステージに立ったとき、トップであり続けたいという気持ちはもちろんありますが、それが第一のモチベーションではありません。勝ち負けは相手あってのことですが、他人の評価よりも、自分が納得できるかどうかのほうが重要です。いまとなっては、そう思えるようになりました。

競技としてのスポーツは、より速く、より遠くに、より強く、より得点をあげたほうが勝つという世界です。マラソンの世界記録は、日本が2時間6分台で低迷しているあいだに、2時間3分から2分へと短縮され、F1のコースをペースメーカー付きで周回したナイキのプロジェクトでは2時間0分25秒という非公認の記録も出ています。

人間の能力はどこまで研ぎ澄まされるのかと驚く一方、そこまで行くと、人間がマシーンになってしまったようで、どこか味気ないものを感じる自分もいます。1分1秒を削り出して、少しでもタイムを上げようという努力を決して否定するわけではありません。でも、仮にそれで1分1秒速くゴールできたからといって、別の誰かの人生がよくなるとか、人類を豊かにするといったことにはならないと思うのです。

モンブランを1周するUTMBで、あの周囲の美しい景色をいっさい顧みず、ただひたすらタイムを縮めることだけに集中する選手がいたとして、それにどんな意味があるのか。

むしろ、そこで見た景色、苦しさ、失敗、そこに至るまでの苦労、そこに賭ける想い、そうしたものを全部ひっくるめたアスリートの生きざま。それが、別の誰かの人生に影響を与え、人々の生活に潤いを与える。それこそ、スポーツが持つ根源的な力ではないか。最近、そう考えるようになりました。

プロのアスリートである以上、結果は大事です。結果を出すために、あらゆる努力を重ねるのは当然です。その前提に立ったうえで、それでもなお、**自分が納得できる生き方を追求できるかどうか。そこに価値を置いて、自分を高める努力を重ねられるかどうか。**この歳になっても現役で走り続ける意味は、そこにあると思います。

50歳になっても決してあきらめない

僕はもうすぐ50歳になります。50歳というのは人生の一つの節目です。「人生100年時代」の折り返し地点ですが、少し前までは「人生50年」が当たり前でした。

僕には、こういう人になりたいという歴史上の人物が何人かいますが、誰一人として50歳まで生きていません。

織田信長は49歳でこの世を去り、尊敬する坂本龍馬も、あれだけのことをしたのに、わずか33歳で没しています。そう考えると、僕はすでに生き過ぎているのかもしれない。だったら、ここで思い切って開き直って、この50歳という歳を人生最高の時にしたい。

40歳で退路を断って、UTMBに挑戦したときのあの感覚。**全身の細胞がふつふつと沸き立つように、全神経を一つの目標に向けて集中させていくときのあの感覚を、もう一度50歳で味わいたい。このままでは終わらせない。**

自分にプレッシャーをかけて、ふたたび最高難度のチャレンジをしてみたい。その舞台は、自分をここまで育ててくれたUTMBをおいて他にはありません。

50歳でUTMBをふたたび走る。

これが決してあきらめない僕の「NEVERプロジェクト」です。

#「老い」と向き合う

「老い」と向き合うのはつらいことです。老化というのは本当に冷淡で、誰のところにも平等に訪れます。パフォーマンスが落ち、大したトレーニングをしていないのにいつまでも疲労が残り、ちょっと無理しただけですぐに故障するという三重苦。この三重苦といかに向き合っていくかが、いまの僕のメインテーマです。

40歳を過ぎてから、パフォーマンスの低下は如実に現れるようになりました。スタミナ強化のために1000メートル走を10本3分で走っていたのが、3分10秒になり、20秒になっていく。

疲労回復も同じで、負荷の高いトレーニングをしたあとは、翌日休めば体力が回復して、翌々日には同じトレーニングをできたのが、中3日くらい空けなければできなくなる。

強度を下げてもリカバリーにかかる時間が長くなって、以前と同じ練習量はこなせない。そこを無理してしまうと、すぐに故障してしまう。

この三重苦が波状攻撃のように襲ってきて、気持ちを萎えさせるのです。

仕事をしている人にとっては、「最近疲れがとれなくなったな」「さすがにこの歳になると徹夜は厳しいな」と思うことはあっても、そこまで「老い」を直接的に感じる機会は少ないかもしれません。

しかし、アスリートは、毎日の練習で「老い」を突きつけられます。かつては、いとも簡単にできていたトレーニングもこなせなくなり、「あれができなくなった」「これもできなくなった」と日々悲しい現実を突きつけられます。肉体が衰えるのはしかたのないことだと頭ではわかっていても、どうしても若い頃の自分と比べてしまうのです。

僕にとっては、40歳のUTMB3位のときのトレーニング日誌がずっと心の拠り所でした。しかし、年々衰えていく肉体で、あの当時と同じ練習をしていると、かえって毒になることもある。当時の自分にとってはベストなメニューでも、いまの自分には必ずしも合っているとは限らないわけです。それを痛感したのが、45歳のときの2回めのレユニオンで、あのとき失敗したから、過去の自分に対する執着を手放すことができたのです。

それ以降、**僕は過去の自分と比べて「できない」ことにフォーカスするのをやめました。**

「つい3、4年前までこんなことは軽くできたのに……」と悪いほうにとらえてしまうと、さすがに誰でも落ち込みます。

そこで「こんなこともできなくなったんだ、ハハハ……」と心の中で笑い、「それなら、こんなふうに鍛えてみたらどうかな」「こうすれば、同じような効果があるかも」と、あえて試行錯誤を楽しむようにしたのです。いまではすっかり達観して、別のアプローチを探すことに創造的な喜びを感じるようになりました。

決して「老い」を全否定するのではなく、かといってむやみに「老い」に抗うわけではなく、いままでとは違うものとして、「老い」との付き合い方を模索する。

過去の成功体験も、いままでのやり方も、すべていったんリセットして、もう一度ゼロから一つ一つ積み上げて、いまの自分にフィットするやり方を探していく。

かつては走ることでフィジカルを鍛えていましたが、いまは自転車で追い込んだり、水泳で追い込んだり、妻がバドミントンの選手だったので、一緒にバドミントンをやったりして、さまざまな種目を組み合わせてトレーニングしています。そこを楽しめるかどうか。息の長いトップ選手は、きっと、似たようなことを日々楽しんでいるに違いありません。

別の考え方もあります。マスターズの60歳のフルマラソンの世界記録保持者の保坂好久さんは遅咲きで、毎日1キロの下り坂を5本全力で走るというトレーニングを40歳からずっと続けているそうです。歳を重ねてタイムが落ちてきても、毎日愚直に同じことを繰り返す。それをやり続けるメンタルはすごいと思いますが、僕にはとても真似できません。僕はつねに新しいことを試したい。そこにおもしろみを感じる性格だからです。

陸上の長距離走から始まった長い競技生活を振り返ってみて、**自分が本当に強かった時期は、努力しているとか頑張っているという感覚がない**ことがわかりました。とくに無理をしなくても、ごくごく自然な流れの中で、一つの目標に向かって集中しているから、実はリラックスできている。こういう状態にいるときこそ、自分のパフォーマンスが最大になっているのです。

クヨクヨ悩んだり、つらすぎてやめたくなったり、ということを考える間もなく、無我夢中でやっていたら、いつのまにか強くなっていた。

もちろん長い人生なので、つねにその状態でいられるわけではないのですが、実はいま、その感覚を取り戻しつつあります。「50歳でUTMB」という一つの目標に向けて、新しいトレーニングをいろいろ試しながらも、気持ちがすごく集中できている実感があります。

それが結果に結びつくかどうかはまだわかりませんが、僕の新しいチャレンジを、誰よりも楽しみにしているのは、僕自身なのかもしれません。

鏑木毅、ここにあり

最近、自分の人生は何だったのだろうかとよく考えます。

仮に人生100年だとしても、50歳になって人生の折り返し地点を過ぎれば、これまで生きてきた時間よりも、死ぬまでの時間のほうが短くなります。人生は長いようでいて短い。50歳までも早かったと感じているのに、それよりも短いこの先の人生は、さらにあっという間に過ぎていくはずです。

僕は歴史小説が好きで、古戦場巡りを密かな趣味としています。国内遠征したときは、駅に荷物を預けておいて、古戦場マップを持ってあちこち駆け巡っています。

とくに関ヶ原が好きで、もう何回行ったかわからないくらいです。「このあたりが激戦地だな」「ここで何千人もの人が亡くなったんだな」と思ってあたりを見渡していると、命の儚《はかな》さに思い至ります。

亡くなった人には勝者も敗者もありません。一人ひとりが誰で、どういう人生を生き、そこで死ぬことになったのか、いまとなっては知ることもできません。しかし、それぞれの人生がそこで交差し、一瞬のきらめきを放って、歴史に残る合戦となったわけです。


人生は儚く、そして短い。だからこそ、一瞬のきらめきを歴史の中にどう刻印するか。鏑木毅という人間が生きてきた証をどうやって後世に伝えるか。一回きりの人生だから、自分が納得できる終わらせ方をしたいという想いが年々強くなっています。

2014年の2回めのレユニオンのレースのあと、僕は自分の生き方を見直しました。この大会を機に、「自分は何のために生きるのか」ということを自分自身に繰り返し問うようになったのです。その答えは、「自分が納得のいく人生を送ろう」ということ。


僕は、僕自身の人生を全うするために「50歳でUTMBにふたたび挑戦する」のです。

鏑木 毅　かぶらき つよし

1968年、群馬県生まれ。プロトレイルランナー。群馬県庁で働きながら、アマチュア選手として数々の大会に出場し優勝。40歳でプロ選手となる異色の経歴を持つ。2009年、世界最高峰のウルトラトレイルレース「ウルトラトレイル・デュ・モンブラン（通称UTMB、3カ国周回、走距離166km）」にて世界3位。また、同年、全米最高峰のトレイルレース「ウエスタンステイツ100マイルズ」で準優勝など、49歳となる現在（刊行当時）も世界レベルのトレイルランニングレースで常に上位入賞を果たしている。09年、11年の「UTMB」、16年の「ウルトラ・フィオルド」に挑んだ様子はNHKドキュメンタリー番組として放送される。11年に観光庁スポーツ観光マイスターに任命される。現在は競技者の傍ら、講演会、講習会、レースディレクターなど国内でのトレイルランニングの普及にも力を注ぐ。アジア初の本格的100マイルトレイルレースであり、UTMBの世界初の姉妹レースであるウルトラトレイル・マウントフジ（UTMF）の大会実行委員長を務める。自らがプロデュースしたトレイルレース「神流マウンテンラン＆ウォーク」は12年に過疎地域自立活性化優良事例として総務大臣賞を受賞。疲弊した山村地域の振興、地域に埋もれた古道の再生など地域を盛り上げるモデルケースとなっている。19年に50歳で再びUTMBに挑戦することを表明。NEVERプロジェクトとしてその挑戦を伝えていく。
http://never.trailrunningworld.jp/
主な著書に『極限のトレイルラン』（新潮社）、『日常をポジティブに変える究極の持久力』（ディスカヴァー・トゥエンティワン）、『低糖質＆抗酸化ランニングのすすめ』（菊地恵観子氏との共著。弊社刊）がある。

プロトレイルランナーに学ぶ
やり遂げる技術

2018年5月10日 初版第1刷発行

著　者　鏑木 毅
発行者　小山隆之
発行所　株式会社 実務教育出版
〒163-8671 東京都新宿区新宿1-1-12
電話 03-3355-1812（編集） 03-3355-1951（販売）
振替 00160-0-78270
印　刷　シナノ印刷株式会社
製　本　東京美術紙工協業組合

 ISBN978-4-7889-1468-1 C0030